王汎森——著

天才为何成群地来

社会科学文献出版社
SOCIAL SCIENCES ACADEMIC PRESS (CHINA)

序

过去一二十年间，我应各种刊物之邀写过一些杂文，这些杂文并没有一贯的主题。但是再回过头去看这些文章时，觉得它们有一大部分与当代学术的发展及人文的氛围有关。所以我原来设想的书名是《人文学的危机》，但是编者们皆建议《天才为何成群地来》（Alfred L. Kroeber 语），再三考虑之后，我只好从善如流了。

我要趁这个机会指出一些明显的错误，如《没有地图的旅程》原是格雷安·葛林（Graham Green）的书名（*Journey without Maps*），汤川秀树自传的书名是《旅人》。当年在撰写此文时，不知道为什么误将《没有地图的旅程》书名套成汤川的自传书名。

收在本书中不少文章是应蔡军剑兄之邀为《南方周末》所写的，在此要特别谢谢他催促我写作所花的工夫。但是人生何等神秘，我现在居然没有提笔再写这方面文字的动力了，回想起来，他当时还给我出过不少题目，譬如将"历史对于人生的益处"写成一个小册子；或是针对

"风"写一本通俗小书,或是将某年某月某日要演讲的主题《从"风波"到"风气"——从历史角度看思想与社会的转折》写出来(我在演讲中谈有些思想出现时,往往是社会上感到震惊、不安的"风波",但是逐渐地变成普遍为人们所接受的"风气")。这类提议很多,我都因为懒散而未曾动笔,说不定等将来新的"动势"(momentum)再来时,我会把这些文债给偿了!

此外,我还要特别谢谢社会科学文献出版社的徐思彦,如果不是她一再鼓励,我是不可能鼓起勇气将本书的各篇文章收在一起成书的。

目 录

人文学科的危机
　　——关于高等教育"指标化运动"的思考　/ 001
本土思想资源与西方理论　/ 009
没有地图的旅程　/ 012
为什么要阅读经典　/ 015
我读韦伯的历程　/ 019
现在历史是什么？
　　——西方史学的新趋势　/ 023
什么可以成为历史　/ 048
历史领地的流变　/ 052
如何透过历史向古人学习　/ 064
龚自珍的《尊史》篇　/ 067
重访历史：寻找"执拗的低音"（与葛兆光对谈）　/ 072
天才为何总是成群地来　/ 088
人文的优先性　/ 092
重构人文价值与多元文化　/ 096

知识分子的没落？ / 105

文化多样性 / 108

书的危机 / 113

真正的哈佛是看不见的哈佛 / 117

学术事业中的"政务官"与"事务官" / 121

如果让我重做一次研究生 / 125

再谈假如我是一个研究生 / 147

余英时印象 / 157

追忆余国藩先生 / 166

回忆牟复礼先生 / 171

记杜希德教授 / 175

回忆马里厄斯·詹森（Marius Jansen）老师 / 185

学术需要时间和自由 / 191

思想史内外 / 209

治学漫谈 / 232

后　记 / 252

人文学科的危机

——关于高等教育"指标化运动"的思考

由于本书所收各篇每每以间接方式涉及当代高等教育中的人文精神与境况，所以在这篇文章中，我想就这个题目随意选择几点，表达一些看法。

一

"人文学科的危机"恐怕是本世纪最常出现的论题之一，每隔几十年或更短的时间就会有人提出这个口号或是编一本文集。近几十年来，人文危机的呼声似乎至少经过几个阶段。在 1960 年代，人们哀叹大众不再接受人文学的熏陶，世界从人文学的指缝中溜走了。还有人认为出现这一现象，是因为人文学放弃了追索各种发展的通则。Plumb 在 *The Crisis of Humanites* 一书中，讨论历史学的危机时，便是这样说的：为了使人文社会更靠近科学，或是更能应用到实际的操作，所以有一种寻找"通则"的倾向。

近二三十年来，人文社会学科有了另一个危机，即人文社会科学出现了强大的"自然科学化"倾向，而其中力度最大的是"计量化"，这使得一般人对它们异常隔膜并敬而远之。美国国会一度否决美国国家科学基金会对政治学研究的补助款，即因为政治学的论文愈来愈计量化，与现实愈离愈远，华盛顿的政治家们都看不懂政治学报中的论文。

人的行为世界有许多是"或然性"的，但人们却想以"必然性"来解释它、把握它，虽然不是没有用处，但是过度排他性地认为只有人文或社会科学能充分转变成寻找"必然性"的学问才有价值，而且认为这是唯一的一条路，忽略了人文世界的复杂性、多样性及丰富性，这是近二三十年来人文学科的一种危机。

近一二十年来，部分学者还有另一种呼声，认为人文学者应该睁开眼睛看看这个完全不一样的世界，并改造人文学以呼应现实，如 Martha Nussbaum 教授认为过去的人文学完全不适应性别、族群等议题，所以呼吁学者应重塑人文学以迎击新的挑战。

2014 年，有鉴于人文学在亚洲的危机，哥伦比亚大学的 Sheldon Pollock 教授在印度召开了一个"哥伦比亚人文计划"的会议，我也是会议的成员之一。会议中我强烈地感觉到人们忧心的是当代人文学科太专业化、不关心现实人生，使得它与人们的日用人生愈来愈疏离。与会的学者大力抨击近几十年来人们过度重视STEMC,即指科学、技术、机械、数学、信息科学等实用性的学问,将学术资源不成比例地配置给上述学科的现象。与会的南亚学者说,南亚国家模仿"新加坡模式",后果非常严重。南亚国家的代表说,在他们国家,哲学几乎死了,古典语言几乎没人懂。在中东世界,包括埃及等国家,许多人认为对大学的支持是一种浪费,一些传衍千百年的人文知识逐渐消失,一如生物多样性的消失。在非洲,大部分人文出身的学者没有工作,或是自顾求生。

哥伦比亚大学会议的重点之一是过度专业化的人文学科与现实的需要完全脱离关系,Sheldon Pollock教授为会议所写的定调文章,也特别指出这一点。在会议中,我个人则除了提到人文与现实的疏离外,特别强调另一股来自高等教育的"指标化运动",为了排名、为了分配经费、为了决定荣誉的归属,或为了追随西方的标准或想与西方并驾齐驱等各式各样的东西,其后果往往是刻意忽视人文,或企图将人文导向一个奇怪陌生的国度。

"指标"本身是一个值得思考的东西,我在这里想引用Kenneth Burke的论点。Kenneth Burke认为我们不可能把这个世界原样表述,所以一定是用某几个指标来表述。例如,用周期表来表述整个化学世界、用若干指标来估测经济状况,但它们并非全部。用Kenneth Burke的话,人们永远只能部分地表述事情,对一件事我们说了一些,但我们同时也隐蔽了另一些。但在这一波强大无比的高教指标运动中，人们以为"指标"可以表述全部的事情。柏格森在《时间与自由意志》中痛责任何将人文现象化约为指标的现象，认为凡是要量度事物时，便要将它们固化、僵化成为可以量度的标准。以下便想先谈"指标"如何严重地引导、编派或扭曲学术发展，如何斫伤人文学的发展。

二

最近有朋友在清理旧文字时，发现我十五年前为《中国文化》所写的寄语中便有下述警告。整个华人学术界有一种新的发展：愈来愈紧，愈来愈机械化的指针及评量机制，这一个制度由自然科学吹到社会科学，现在又吹向人文学科。

首先，我必须强调，我赞成健康的学术评量标准。不过，人文学科有其特质，必须摸索出一套合适的机制，轻率地移用自然科学或社会科学的标准会产生无穷的流弊。同时，我也提到在人文领域，专书是一个非常重要的表现方式，切勿因为过度重视论文而忽略了专书的重要性。在人文研究中，能形成团队固然可喜，但是不应该勉强拼凑成军。个人"单打独斗"的工作方式仍然很重要。人文研究需要时间，最为宝贵的也是时间，但近年来学术社群往往忽略了这一点，以不必要的活动或文书作业取代了真正有生机的研究工作。不恰当的指标、标准悄悄上台，一开始可能不怎么受人注意，最后却往往形成韦伯（Max Weber）所说的"铁笼"（iron cage），不可不慎。

在2014年举行的哥伦比亚大学人文学会议中，我是以台湾为例来说明这个现象的。

在传统中国，人文知识是极重要的社会权威的来源。中国本来就有重视"士"的传统，在这个传统中能通过科举考试的人，便几乎成为文官统制机构唯一的来源，国家是由皇帝与士人一起统治的，所谓"宰相要用读书人"，就表示皇帝可能是打天下的人，可能是世袭的，但最高的实际领导者一定是通过科举考试的读书人。在"仕学合一"的传统下，"士"通过科举考试的内容是四书五经，是一批古代的人文经典。所以在过去两千年来，人文知识有它独特的地位。受到这个传统的影响，近世中国发展出知识分子以"道"自任的传统，认为"道"重于"势"，也就是说，传统文化的承担者（carrier）的地位远远大于掌握现实权力的人物。文化的承担者，在过去是"士"，在近代是"知识分子"，台湾延续了知识分子的传统，这使得学者在台湾社会始终占有主流地位。

1949年以后，以胡适、傅斯年以及后来的殷海光为主的知识分子，他们都是自由主义的鼓吹者，同时也都以人文为业。在胡适、傅斯年及他们的学生那一辈之后，一群以中研院院士为主的人文社会科学学者成为台湾学术界及言论界的领导人，他们包括余英时、许倬云、李亦园、杨国枢、林毓生、胡佛等。他们同时也是直接或间接对台湾的去戒严化及民主化有贡献的知识分子，在言论界的力量使得他们有能力保护人文的价值与地位。

但是，人文学者占主流的时代在1980年代后期慢慢褪色了。对这个现象最简单、最直接的解释是社会变迁，尤其是社会急遽地功利化，社会尊崇的对象转变为新富豪、电子工业巨子等，他们在社会上发言的分量远远超过政治人物、学者或文化人。以前没有提到的部分是"不在话下"、是尊重其存在的，现在没有提到的是不值得存在的，默会存在的时代变为列举的时代，对没有现实利益的知识逐渐弃如敝屣、经济状况的恶化加深了这个危机。

但是最受瞩目的社会言论界及学术界的领袖，主要是一大群卓有成就的科学家，而不再是前一批人文领袖，"科学文化"开始占上风，这当然也影响到人文的地位。但是最重大的改变是近十几年来，尤其是随着基因译码之后，生物科技成为寡占性的力量。同时随着台湾社会的M化发展，新富豪的发言权日渐变大。如今，生物科技领袖及新富豪事实上成为社会言论的主导者，数理和人文等基本学科都不再是主流。台湾的人文处境虽不完美，但仍然可以接受。

文化方面，优势西方文化的冲击，对台湾社会造成很大的影响，可是在1970年代的"乡土文学论战"之后，在地的文化取得了新的地位，很多带有传统的、多样色彩的文化重新获得重视。但是在学术方面,情形有点不同,如果我们关心的是人文的独特性及多样性,或是独特的、弱势的文化,或是语言濒危或消失,那么根据我的观察,近二十年来台湾面临了最大的挑战,而且这个挑战来自学界内部。

各种来自西方,主要是美国的学术指标的引入,使得台湾人文学界多样性的风气逐渐受到压缩。首先是SSCI,因为广泛使用SSCI作为评价标准,所有研究发表都要尽量能够用这个指标系统加以衡量,造成了知识系统的一元化(或尽力趋向一元化),而这个一元化的特性又是以计量的或是符合西方当代学术主流为其特征,使得多元化的、精神性的、伦理性的、带有本土色彩的,或是带有太鲜明的非当代西方学界流行特质的知识文化被学术界忽略、轻视,或是被放弃,我认为这是文化独特性或多样性消失的最重要原因。我个人认为如果从追求学术卓越的角度,SSCI指标系统并非一无是处,它们包括许多受到重视的社会科学刊物,编辑格式最为严整,它们也逼得原先封闭的本土学术社群走向国际化,变得较有活力与竞争力,但是它们也使得不在这个指标系统下的、多样性的知识沙哑失声。

不幸的是,过去十五年整个东亚都进入"指标化运动"的时期,不但引进西方的指标(这些指标在西方学术界并不被重视),同时也创造自己的指标系统,KPI是另一个重要的模式，只有能被各种 KPI 的几个简单的 indexes 加以衡量、计算的，才是值得重视的。这使得知识趋向单一化，消灭了知识的多样性与独特性。

"指标化运动"的另一个高峰是世界大学排名，许多东亚国家都热烈地进入这个竞争，结果是大学的领导者将不在排名计算的复杂指标系统中所要求的排除在外。譬如，在许多排名系统中，人文的专书、专书中的篇章，还有许多不被指标系统数据库收入的人文期刊并不被采计，所以许多大学只给予人文学科勉强可以维持生存的资源。最可怕的是，在西方主导的指标系统中，在地语言的人文研究成果往往不在计算范围，这使得许多大学的领导人吝于将教授名额与物质资源投入人文学科，造成极大的危机。

我个人一向关心人文学在当代的命运，人文学是一笔丰富的资产，它有许多现实的用处，不能因为从表面看来似乎无用而任意抹煞。它是我们思考生活、批判现实的资源，它点染了我们的生命，使得它具有丰富而多样的意义。如果没有人文，我们只有"生存"，没有"生活"。我觉得本文所提到的"人文自我科学化"与"指标化运动"正在系统地扭曲人类的人文视野，后果愈来愈严重，值得注意。

本土思想资源与西方理论

我个人相当留意现代西方社会科学的理论，但是我也常想到，所谓西方，往往是指近代的西欧、北美，所谓西方的社会科学概念，往往是从这些地区的经验所发展出来的理论，本身有相当的局限性；同时也了解到，借由对本土的深入研究，可以提出对西方主流社会科学具有重大意义的挑战。已故考古学家张光直先生（1931~2001）在其《中国人文社会科学应跻身世界主流》[1]一文中，便提出这样的看法。最常被引来支持这一个看法的，是美国汉学家牟复礼（Frederick W. Mote，1922-2005）早年在他的一本小书中提出的，古代中国的存有是呈连续状态，但是西方文明则是呈现断裂的状态。[2]

这一类以非西欧、北美经验的研究来挑战或改写西方

---

[1] 张光直：《中国人文社会科学应跻身世界主流》，《亚洲周刊》1994年7月10日。
[2] 见他的 *Intellectual Foundations of China*（New York：A. A. Knopf，1971）一书。

主流社会科学的例子相当不少。譬如有人对地中海地区patronage 的研究，便质疑议会民主与官僚体系是否可以被视为一种普遍的政治模式，其他的系统也有它自己的逻辑，而且这些系统并不能被轻率地当成是一种尚未发展完成的"前政治组织"或是一种腐化的现象。又如有人对俄国农民家庭及东欧贵族之研究，也质疑古典经济学中所谓"追求最大边际效益"的原则是否适用。俄国的 Alexander V. Chayanov（1888－1937）就认为边际效益对农民家庭而言是不适用的。Witold Kula（1916－1988）对波兰农民的研究也发现，当物价上升时贵族便决定少生产一些燕麦，当物价下降时便多生产一些燕麦，他们并不在乎古典经济学所说的追求最大利益。[①]

从上面的例子看来，人们应该精细地研究本土的案例，并批判性地看待西方社会科学的概念。应该留意华人人文及社会现象的独特性，很深入细致地探索与区辨，拉到一定的高度进行概念化，并试着提出有别于西方的理论建构。

台湾的学术界相当早便受到西方学术的洗礼，努力以西方的人文社会科学理论来解释本地的学术材料。到了1970 年代出现了"社会科学本土化"的呼声，提倡最力的

[①] 以上见 Peter Burke, *History and Social Theory* (Ithaca, NY: Cornell University Press, 1992), p. 72。

是杨国枢先生。他在 1969 年获得博士学位后，指出西方心理学理论、概念、量表等，与华人的心理现象扞格不入，而提出华人本土心理学。

我常常想，为何近代的心理学、社会学、经济学等大量学科的文献中，几乎看不到一个中国传统人物的名字？早期引介西方人文社会科学概念的学者们，传统的资源是否真正进入他们的实际研究中，并形成一个适当的对话，而不只是简单的比附？这就牵涉到近代思想史的问题，即传统的思想资源是如何中断的？新的体系又是如何成立的？新学术体系成立时，是不是掩盖了许多丰富、复杂，有别于西方的理论内涵？

十年前我参加了一个小的座谈会，与会的朋友提出希望回到近代西方学术概念与词汇进入中国之前的状态。我个人则认为，已经出生的孩子塞不回子宫。不过我们应该有一种自觉：自觉到近代学术发展中曾经经历过一种无所不在的西方建构，自觉到从本土的经验与学术研究中可能提出独特而有意义的理论建构。

（原载《南方周末》2009 年 5 月 27 日）

没有地图的旅程

2007年夏天，我到京都访问了两个月。初到那几天，没有机会开口讲话。我信步于京都大学百万遍附近，在书店看到一本似杂志又似专书式的别册，封面的几个大字"汤川秀树"吸引了我。

汤川秀树（Yukawa Hideki, 1907 – 1981）是日本第一位诺贝尔奖得主（物理学）。我在念大学时就听说这个家庭出了几位知名学者：他的父亲小川琢治是地质学家，他的兄弟小川芳树是冶金学家、贝冢茂树是中国上古史家、小川环树是中国文学史家（汤川秀树和贝冢茂树分别是汤川、贝冢家的婿养子）。后来，我注意到汤川的全集中，居然有大量关于《庄子》、《左传》之类的古籍研究，使我相信科学与人文并不排斥，尤其在第一流学者身上更是如此。但是一直到读了这一本"别册"以及他的自传《旅人》——尽管我对他的"介子"理论近乎一无所知——我开始想知道他的学术历程有没有什么特别值得借鉴的价值？

汤川秀树描述他的研究工作是没有地图的旅程，是孤独的行旅者在未知的地方摸索。这一自白告诉我们，许多（并不是全部）创新性的研究是没有地图的旅行，在研究的一开始并不一定能预测后来的结果，因此目前对各种"研究计划"内容的要求，便应该有一些雅量、有一些空间，容许"没有地图的旅行"。这不应该成为懒惰的借口，但是或多或少容许人们在不知名的地域上漫步、摸索，是学术研究中非常重要的一部分。

汤川另一件引起我注意的事情是，他的重要突破与京都、大阪两地的关系。我先前一直以为，汤川最重要的研究都是在京都完成的，京都的气氛极度沉静、宁谧，研究者每每到了"眼观鼻，鼻观心"的境界。大阪不一样，大阪是工商大城，车水马龙，嘈杂之至。而令我吃惊的是，我原先的印象是错的。汤川的学术经历当然是以京都为主，他从小到大学毕业及初期工作，都在京都；他对"介子"的构思、研究，也从京都大学开始。可是他接着到大阪大学任教几年，他获奖论文的最重要部分就是在大阪时期刊出的。后来他又回到京大，并在那里得到诺贝尔奖（1949年，当时汤川在美国哥伦比亚大学访问）。

汤川回忆说，如果不是京都的静谧以及大阪高度"动"的环境对心灵的刺激，他不可能完成其卓越的创获。看来对于研究而言，极度安静的求索配上动感的激荡是很重要的。

汤川的例子还有一层意义。许多年来，我都在思考：如何使一种学问、一种研究或一种产业在一个地方从无到有生根发芽？我觉得最重要也是最艰难的是完成一个可以模仿、套接的模式。从汤川探索的过程可以看出，他对当时西方最先进研究的整个轮廓了如指掌，但汤川全部教育、研究都在日本完成，这个案例形成了一个"吾亦可以为之"的气氛与态势。后来日本接连得到若干诺贝尔奖，恐怕与一种可套接的模式与信心不无关系。至于如何形成这个可套接的模式、信心与态势，就不是我这篇短文所能交代的了。

（原载《南方周末》2009年9月17日）

为什么要阅读经典

朱敬一院士发起在高中生人文社会科学营十周年之际讲读中西经典，我相当赞同这个提议。日前他的文章中提到奥巴马的演讲，这使我想起另一位大演说家林肯。

林肯正式的教育背景很浅，可是他的文章和演讲却极为动人，我认为他主要的精神及思想资源是不断地精读包括《圣经》在内的经典。这些经典深入他的精神层次，除了源源不断地提供许多精彩的养分之外，也形成了一个规模、一个框架、一种内在的雄浑的气氛与节奏，再加上他在适当的时候套引经典，使得他的演讲及文字非常动人。

20世纪芝加哥大学阿德勒教授提倡阅读伟大作品，这件事今天看来已经相当老旧，它的意义却从未褪色。我个人深知讨论经典阅读不是一件容易的事，光是什么可以成为经典以及如何阅读经典，便可以从无数方面去谈。这里则只想试着回应一种质疑。

2001年，当我在"国科会"① 人文处为了推动"经典译注计划"而举办一系列"西洋经典与现代人生"的讲座时，因为报纸副刊的报道，曾经引起一些注意。有一位听众打电话到人文处："都是一些过了时的书，何必这样大张旗鼓？"这个质问促使我们思考：何谓经典？经典是不是一部没有错误、尚未过时的书？一部书之所以成为经典一定有许多原因：它的历史影响巨大，它的内容历久弥新，它反映了普遍的人性及普遍的问题，它的词采闪亮惊人，它的思路细密曲折，它的架构雄浑庞大等，不一而足。可是不容否认的是，经典中的一部分内容，经过时代的淘洗，用现代人眼光看来已经错误或过时，为什么人们仍然需要读它？再者，经典是不动的，它如何与人类无限多样的存在境遇，以及人类所关心的翻新出奇的问题发生关联？

正如同一个点不可能同时出现在两处，一本书的内容怎么可能既是古代的，又永远是当代的？"同时代感"一定是跟我们这个时代的"相似感"吗？

三十年前，我曾似通不通地读了神学家保罗·田立克（Paul Tillich）的《系统神学》（*Systematic Theology*），觉得他很想解答这个问题。这部书中反复讨论《圣经》如何关联呼应（correlated）每一个时代；如何在不任意改动

---

① 引号为编者所加。此类情况下同。

《圣经》的"讯息"下,关联呼应每一个时代特殊的"境况";如何形成一种既不是从"境况"中抽取答案,也不会过度被"讯息"的固定性所拘限,而对时代的迫切问题提出解答。田立克花了很大的力气所提出的解答,应该只是人们亲近经典的进路之一。

有的人每隔几年就要读一遍康德的"三大批判",是想跟着他细密曲折的思路走一遍,像磨透镜一样。王国维可能是近代中国最早深入琢磨"三大批判"的人,到了后来,当他放弃哲学(他说哲学是"可信者不可爱,可爱者不可信")之后,我们仍然可以在他的经史著作中看到康德思路的影子。人类学家列维-施特劳斯(Claude Lévi-Strauss)每隔一段时间就要读马克思的小册子《路易·波拿巴的雾月十八日》(*The Eighteenth Brumaire of Louis Bonaparte*)[马克思形容这本书是在分析"为什么一个有三千六百万人的民族竟会被三个衣冠楚楚的骗子(包括路易·拿破仑,Louis - Napoléon Bonaparte)偷袭而毫无抵抗地做了俘虏"],列维-施特劳斯大概是要一次又一次亲近那种从四面八方、一层又一层地解剖1851年12月2日路易·拿破仑政变事件的锐见。

在这一次有关经典的演讲中,我所选的两本书之一是黄宗羲的《明夷待访录》,书中的部分内容在晚清以前是非常前卫、非常锋利的,但是到今天恐怕早已成了刍狗,然而这本小册子在历史上曾经发挥无比的影响力,使它自然具有相当的分量，书中所提出的若干议题：君臣的角色、君臣的关系、读书人在政治中的角色、舆论的问题、物质力量的配置应集中在中央还是分散在各地等一连串问题，现在看来仍有一定的新鲜感。即使其内容已经过时，身为读者，我们仍想深入历史脉络，了解作者为什么那样说。古人说"误书思之，亦有一适"，设身处地深入了解经典的每一部分，正是一种磨砺自己的功夫。

最近我偶然读到一封前人的信，信中说日本的山本玄绛禅师在龙泽寺讲经，说：

> 一切诸经，皆不过是敲门砖，是要敲开门，唤出其中的人来，此人即是你自己。

这段话可以有非常多面的解释。我则想借它来说明在阅读经典的过程中，读者的角色与经典一样重要。阅读古往今来的经典，除了应当虔敬地学习它的道理、它的论题、它的词采外，还要进行一种密切的对话。对话的对象可以是永恒的真理，也可能是其他的东西。无论如何，在与经典密切对话的过程中，读者不断地"生发"出对自己所关怀的问题具有新意义的东西来。经典之所以历久不衰，往往是提供了对话与创造的丰富资源。阅读经典一方面是要"照着讲"，同时也要"接着讲"（冯友兰）。不管"照着讲"还是"接着讲"，最后"是要敲开门，唤出其中的人来，此人即是你自己"。

我读韦伯的历程

一个人思想形成过程中总是受到许多书的影响,要从其中选出最重要的一部或几部,有其困难度与不准确性;不过如果要勉强举出一个例子(而不是唯一的例子),我或许会说在我二十来岁时,德国社会学家韦伯的几部书对我产生过相当的影响。

我所读的第一本韦伯著作是《基督新教的伦理与资本主义的精神》(又译《新教伦理与资本主义精神》),当时这一本书早已经有了台北协志出版社的简译本,译者是台大经济系的张汉裕先生。协志是大同公司出资创办的,历史相当长,我幼年时代便见到父亲书柜中有好些协志的书,像《如何使思想正确》、《蒙田文选》、《培根论文集》等,而张译《基督新教的伦理与资本主义的精神》也在其中。

台湾在1980年代有过一阵"韦伯热",打先锋的是几本韦伯的选集,接着是大量翻印的韦伯著作(英译本)及讨论韦伯的书。仔细回想起来,我读张译是在这波"韦伯热"之前。在读完张译《基督新教的伦理与资本主义的精神》之后,我又受到"韦伯热"的影响,如痴如醉地搜读相关书籍。现在还记得1983~1985年服兵役期间,每天晚上利用仅余的空闲生吞活剥地阅读韦伯《宗教社会学》等书的情景。

但是我绝非韦伯专家,也从未发表过任何与他有关的文章,我只是一个业余的爱好者而已。现在,我试着搜寻自己的脑海,举出几点可能的影响。

首先,我自己对韦伯的最重要旨趣——为什么只有西方发展出理性化的文明——并不特别感兴趣。印象最深的倒是有两点:首先是韦伯对表面看来相近似的历史现象的精细分梳,譬如他一再强调资本主义精神不是人类远古以来的营利行为,文艺复兴时期佛罗伦萨的商业活动与富兰克林时期宾州的商业活动是截然不同的;表面看来没有什么不同的营利行为,其中有深刻的不同,受新教伦理影响的人是把赚钱当作目的本身,是一种专业,是一种天职,是要把一个人所有的能力全部押上去的工作。

韦伯提醒人们在意图与行动之间有各式各样的联结方式,所以看似相反的东西,可以联结在一起。在《基督新教的伦理与资本主义的精神》中,韦伯便常常从两种表面上看起来似乎相斥的东西,找出其间的微妙关系。

基督新教高度的制欲精神如何与最强烈的现代营利性发生关联,新教的"预选说"看来如此神秘而不合理,却与现代营利活动中的合理经营作风串合在一起，用张汉裕先生的话说："即因为卡尔文教的预选（predestination）及义证（proof）的教义，信徒为获知或确信上帝对自己的恩宠即拯救，必须在职业中实行合理的制欲生活。因之，信徒的心理中，便发生为获宗教上的安心就非追求制欲的职业生活不可的动机。这动机乃促成有规律、有系统的，即合理的职业作风，而终于导致近代的合理的企业精神经营作风的成立。"（第102页）

韦伯提醒人们，近代企业精神的诞生绝非卡尔文教所企求或预料的结果，两者之间毋宁存在一种吊诡性，而且在近世资本主义精神诞生之后，因为财富增加而对原来具有宗教成分的职业伦理世俗化，后来两者分道扬镳。

但是从韦伯的书中，我也看到一个现代心灵的不安。我推测这种不安也是他精神几度崩溃的原因之一。如果我的记忆不错，韦伯虽然花了很大力气推论理性化的文明只在近代西方发展出来，但是他对近代西方文明其实有所保留，带有既兴奋又"不得已"的味道，并未在价值层面上全盘肯定它。这也是为什么他在《基督新教的伦理与资本主义的精神》后面要用如此悲观的话说"清教徒曾渴求为职业人，我们却被迫为职业人"，而且这种生活方式"恐怕直到最后一吨化石燃料烧尽时为止，还要决定人们的生活方式"，它像"铁笼"（iron cage）一样罩在现代人身上。韦伯的不安也深深地感染了当时的我，使我很早便对

我读韦伯的历程// 021

现代文明感到一种彷徨与不安，而这种彷徨感与我先前研读章太炎的心得交缠在一起。在1970年代后期，我花了不少时间精读章太炎的著作，撰写了《章太炎的思想》一书，章太炎的否定性思维，对现代世界所抱持的悲观与不安，深深地影响了我。一东一西两位思想家的著作，使得我少年时代一往无前的乐观与期待，悄悄地让位给一种审慎的忧郁。

因着对韦伯的兴趣，我在1990年旅行欧洲时，曾经专程到海德堡寻访韦伯的故居。陪我前往的朋友一再宣称韦伯并没有那么了不起，但我们还是去了。那是一栋河边的楼房，据说已经做了学生宿舍，我们在楼下客厅停留了半响，便默然离去。

台湾的"韦伯热"早已消退得无影无踪。过去二十年，一波又一波的西方思想不断被介绍进来，福柯、德里达、布尔迪厄，后现代、后殖民，一切"后"的思想都有它的信奉者，而韦伯也常被批评攻击得体无完肤。不过我个人认为思想资源是待人灵活运用的，不是用来"套"的，不管"新"还是"旧"，任何大学问家都有一些贵重的质量，不因潮流的改变而消失。我推测韦伯思想中的某些部分，总有一天还会再回来的。

（原载《南方周末》2005年6月10日）

现在历史是什么?

——西方史学的新趋势

一 前言

从史学发展来讲,20世纪最后一二十年与19世纪末同样发生巨大的变化,而且20世纪最后一二十年史学典范动摇情形还比19世纪末来得严重,后现代对历史学造成根本动摇,几乎完全否定史学这门学问存在的理论基础,这是从希罗多德、司马迁以来史学所面临的最严重的挑战。

19世纪末有历史主义(historicism),把一切放在历史发展情境下历史化之后,也就没有所谓永恒不变的真理,由此导致西方道德、宗教、伦理等基础的动摇,但那次史学危机和20世纪末的史学危机不能相比。

20世纪末的史学趋势或者危机在我看来,可谓声势汹汹。我1987年在普林斯顿大学念书,从1987年至1992年,我没有强烈感受到后现代对传统史学的批判,普林斯顿历史系可谓大师云集，不可能对外面的变化毫无所知，但当时却未深刻感觉到后现代来势汹汹，可见其时后现代还未能动摇几个老派的学校，这些学者还相信历史有存在的根基。他们体现的史学风格与传统史家不同，比较受人类学者 Geertz 的影响，倾向带有人类学意味的历史题目，完全感觉不到史学的根本动摇，如历史究竟是什么，历史的编纂只能显现一点点过去，把"过去"与"历史"截然划分，这种后现代观点当时还未感受到。

但近年来，可谓面临了有史以来最大的史学危机，过去历史危机发动者很少是文学家，但这次发挥重大影响的不是历史研究者，而是一些哲学家与文学家。如果完全承认他们对史学的批判，我们所做的史学研究也就没有意义了。

二 传统史学动摇

1825 年，兰克写了关于 15、16 世纪意大利国际外交、权力平衡的书，书后的附录影响最大。他说在经过种种批判之后，连当时被认为最权威的著作都不可以被率然接受，结果是根本性的改变：首先是强调第一手史料的重要性；其次是对外交史研究的重视，兰克曾往来于欧洲各地发掘档案，特别是教廷。在欧洲史上，教廷地位十分重要，各国大使频繁进出，兰克接触到教廷各种档案，而开启了错综复杂的外交史研究。他的口号"写历史一如它所发生的",对当时史学界有很深的影响。大概从1840年以后,德国史学界已经笼罩在兰克的影响之下。

兰克的口才非常差,无法吸引学生听课,但他首创"seminer"的风气,也就是历史研究不再只是讲述(lecture),而是一起讨论、分析史料的教学方式,带来无远弗届的影响。1870年以后,兰克治学的典范特色,如讲究原始史料、重视档案、严格史料批判、职业史学家(professional historian)等风格散布至世界各地。亚洲国家如日本有兰克的学生到东京大学教书,影响日本史学界很大;美国早期许多杰出史家也到德国取经,直接或间接受兰克学派影响。兰克学生所办的杂志是许多国家史学杂志的典范,包括《中央研究院历史语言研究所集刊》。

回顾过去的史学史,一个最大问题是太多从里程碑式的史学宣言来看历史风格的变化。里程碑式文献诚然重要,但历史风格变化应从实际操作中显现出来,过去史学史的毛病是太过重视思想性的、史学方法指导性的、里程碑式的、宣言式的文字,而忽略了在那之后某种气氛之下史学著作所反映出来的风格。1870年后相当长的一段时间,兰克的史学风格在西方甚至在东方都很有影响力。

其实早期美国兰克学派的学生很少人真正读过《兰克全集》,多只是就各人兴趣专长,读个一鳞半爪。产生关键影响反倒是伯恩海姆(E. Bernheim),他把兰克史学和实证主义哲学(postivism)混合,其《史学方法论》一书影响很大，许多人透过伯恩海姆的书而接受兰克史学，如史语所创所人傅斯年被认为创办了"中国的兰克学派"，但实际上他一生只提到过兰克两次，他的藏书中也没有兰克的书籍，但是我注意到他把伯恩海姆的《史学方法论》书皮都读破了。

但到了20世纪兰克的史学风格却遭到挑战，Georg Iggers 在1997年出版的《20世纪西方史学》（Historiography in the Twentieth Century: From Scientific Objectivity to the Postmodern Challenge）一书中谈到20世纪传统史学典范的动摇，此书稍嫌简略，但可提供一个轮廓。书中谈到兰克学派动摇的原因之一，是人们不再满足于政治外交史或以重要人物或历史事件为主的叙述方式。人们认为历史应扎根于更广泛、非个人的经济社会基础的了解。德国社会历史学派、美国社会科学影响下的历史、法国年鉴学派基本上均代表对过去史学风格的修正，他们要求历史的客观与严谨和兰克是相同的，但是认为历史应有社会面貌，历史的理解应奠基于社会经济的基础上。

三　年鉴学派

前面提到，德国社会历史学派、年鉴学派、美国社会科学影响下之史学，均显示传统史学的动摇，而其中影响全世界最大是法国的年鉴学派。我个人写过 Peter Burke 的 *The French Historical Revolution* 一书的书评，后来中文翻译者放入书中作为导读，其中谈到年鉴学派形成过程与发展等大概。

Burke认为1929年至1980年代，年鉴学派经过三次变化，慢慢地从地窖升到阁楼。所谓地窖，是研究历史底层、历史结构、历史整体长时段的变化。到他们的第三代弟子却又开始回过头来研究人物，但他们研究这些人物的方式已与传统人物史的做法不同。Burke分成三阶段来谈年鉴学派，有失之简化之嫌，但不无参考价值。

过去三四十年年鉴学派影响很大，深入各国历史研究，如美国、日本，甚至在东欧即有一任波兰总理是年鉴史家。年鉴学派的主要影响如下。

（1）使史学界研究的题目与材料无限扩大，这是它对历史最大的贡献。过去被忽视的历史角落，每天生活接触的各式各样问题都可作为研究题目，如年鉴学派研究生老病死，尤其是死亡，研究各种文明面对死亡的态度、面对死亡的方式等，所以百年之后回头看20世纪的史学，年鉴学派的许多主张或许会慢慢流失，但其使史学题目及材料解放，赋予题目及材料新意义却有重要影响，它的材料各式各样，如图像、口供、日记、实物等。

（2）重视整体历史（total history），如年鉴学派第二代代表人物布罗代尔（Fernand Braudel）认为应该写"整体的历史"，包括从地理、事件到个人，全部写进去，所以布罗代尔写的《菲利普二世时代的地中海和地中海世界》，只花七八十页写最重要的那一场战役，大部内容包括地理、空间、物质文化等，最后才写到事件；他说事件只是泡沫，人只是泡沫，重要的是结构。

（3）布罗代尔把历史时间分成长时段、中时段（conjuncture）、事件（event）。研究历史不能只熟悉某一事件，应还有长时段、中时段的思考。他的这三种时间观念影响相当大，我认为将来会成为历史思考的一个重要因素。但布罗代尔并未非常有力地把三种时间有机地结合起来。布罗代尔的书《菲利普二世时代的地中海和地中海世界》、《15 至 18 世纪的物质文明、经济和资本主义》等书也因未把三时段串在一起，而受到一些批评。但他以这种时间观念来看历史，是过去少见的。不过，布罗代尔的《15 至 18 世纪的物质文明、经济和资本主义》一书开启了无数题目，许多博士、硕士学位论文及各种讨论会论文题目都可从其书中找到蛛丝马迹，他告诉我们一种看历史的新眼光。

（4）系列史（serial history）的看法。年鉴学派研究下层，讲究整体（collective）的观念，是受法国年鉴学派创始者布洛赫（Marc Bloch）和费弗尔（Lucien Febvre）的老师辈涂尔干（Emile Durkheim）的影响。涂尔干重视整体（collective）观念，年鉴学派认为许多材料无法从文献中获得，例如广大人民何时放弃基督教信仰，无法从文献中看到变化过程，所以要用各种零星材料，放在统计系列，从中得到历史发展趋势。例如一个有名研究——去基督教化过程，到底法国是在法国大革命以后基督教信仰才逐渐流失，还是大革命是长期去基督教信仰之高峰？有一本书认为研究方法应将一些日常人们所不注重材料系列化，最后再看出其趋势，因此统计许多遗嘱中捐钱给教会的数目变化、教堂神像蜡烛重量、建筑空间布置等传统史家毫无兴趣的问题，但这些研究方法确实可看出长时段演进趋势。这是一般老百姓的想法，老百姓没有声音，必须靠迂回方式去了解老百姓心态的变化，建构系列，而得出历史发展。年鉴学派把这些研究方法用到相当精巧的地步。

（5）心态史。将来回顾20世纪史学，心态史也必然是年鉴学派留下的重要遗产。过去研究重点基本上是思想史，重视思想家、思想运动与社会和历史的关系；哲学史研究哲学家或重要哲学论题的历史形成过程。可是年鉴学派提出心态史（history of mentality）研究，这与前述整体的观念亦分不开，认为我们不只要研究伟大的思想家，同时也要研究一个时代下阶层的百姓心态，如他们对生老病死、对神、对权利、对国王的看法等集体心态。他们认为恺撒时代一定有一些心态是从恺撒到他手下的士兵所共同拥有的心态，是集体的、整体的。

从心态史角度研究最有影响的是年鉴学派第一代创始人费弗尔，他现在虽然不如布洛赫那样受人敬重，但他其实是年鉴学派形成的最关键人物，既有学问，也有政治手腕，善于掌握权力与组织。他有一本重要的书谈论16世纪不信仰的问题。很多人认为法国通俗喜剧作家拉伯雷是无神论者，可是他由心态史的角度来看，发现16世纪根本不存在不信仰的问题，因为当时思想概念的工具中根本不存在不信仰，从整体心态看都没有后人争辩信或不信的问题。他认为这完全是后来人加上去的，而他都从一个时代集体心态史的角度和方法来举例论证这个问题。这是相当有意思的书，可以看到思想不再只是研究个人，而是研究集体的心态，论证的方式相当有意思。这类作品在后来的年鉴学派中相当多。如杜比（Georges Duby）说法国把人分成三层，为什么大家甘于这么被划分，如中国分成士农工商的区分法，这种心态一般思想文献未提，但透过心态史重构而了解一般百姓的想法，故心态史研究是注重广大下层人民的。但心态史也有其弊病，用来研究中国古代历史则完全不行，与年鉴学派关系密切的一位史家曾用这种方式研究中国古代思想，结果看起来非常贫瘠，其最大问题是没有办法解释变化，既然是结构的东西，持续时间相当长，但变化很少，也难以勾勒出来。总之，年鉴史学相当丰富，几代的史学家非常活跃，中间也有许多曲折。

四　英国马克思主义史学

英国马克思主义史学也是20世纪影响重大的史学派

别。马克思主义史家可分为两派，一派是教条的、官方的史学，按照党义在写历史；一派是接受马克思主义部分思想又加以修正的，著名的史学家多是先受其影响而后修正其思想，如 Christopher Hill、E. P. Thompson、Hilton、Hobsbawn 等人。

其中我最注意的是 E. P. Thompson，其著作和论文开启 20 世纪下半期许多社会史和文化史的研究方式，影响很大。Thompson 并非十分专业的史家，他原先在劳工学校教授历史，是一个忠诚的共产党员，却又修正马克思主义的看法，最有名的书是《英国工人阶级的形成》（The Making of the English Working Class）。我到美国念书后发现这一本书竟然出现在许许多多课的书单内，这是非常令人惊讶的。这本书已经有中译本。英国的马克思主义史学透过他们所办的《过去与现在》（Past and Present）杂志发表，是西方语言世界声望最高的历史杂志，和美国历史学会办的《美国历史评论》地位在伯仲之间，只是这几年目前随着马克思主义史学大师的凋零而有些式微。

以《英国工人阶级的形成》一书为例，他改变马克思主义认为下层结构决定上层的说法。以阶级意识为例，他说并非身为工人即有工人的阶级意识，没有天生的阶级意识，阶级意识是靠文化不断运作而产生，下层经济结构不能决定上层文化结构，阶级意识是历史、文化、行动等创造出来的，这大大地改变一般人对马克思的看法。当然他的关怀工人阶级形成、提倡历史要由下而上，这些观念均受马克思主义的影响。另外，如 Christopher Hill 主要偏向思想，最有名的研究是《清教思想和英国革命》。他们的研究有一个共同的特色，即历史是由下而上，要使过去长期被忽略的那些贫穷百姓、工人等都有其历史。他们不像一些正统史家所认为的工人阶级文化是菁英文化的乖离，因为过去未把下层百姓看成主体，所以会把他们的风格文化看成是正统文化的偏离，其实如果将其看成主体，则其风格文化是他们的创造，这种观点对后来影响很大。Thompson 的几篇论文，如讲道德经济（moral economy）、讲工人的时间观念，几乎都引起很大的回响。

所以回顾 20 世纪的史学，绝对不能排除英国马克思主义的史学。它们基本上也是偏重社会史，尤其如 E. P. Thompson、Hill、Hilton 等马克思主义史家影响深远，使人们看历史的方式变了，要由下而上，要正视下层阶级产生的文化习惯，不把他看成偏离正常轨道、需要校正，其实下层阶级自有其一套风格。这与年鉴学派不同地从另一方面改变了历史的看法。

五　史学的几种新视野

接下来我要谈的是 20 世纪发展到最后这一二十年来，史学界流行的几种趋势，以下的内容部分参考《史学写作的新视野》（*New Perspectives of Historical Writing*）。这些新视野提醒我们在 20 世纪，有这些新的角度与做法。

（一）政治思想史

20 世纪下半段西方政治思想史界似乎隐然分成两派，一派以对文献思想内部精读，做最深入诠释与精细的发挥，以芝加哥大学的 Leo Strauss 及其学生为代表，他们奉行的研究方式，如研究马基雅维利《君主论》，就文献每个字眼、内容、思想做最精细的推敲发挥；另一派以 Quentin Skinner、John Dunn 等人为代表，认为思想史要放在历史的脉络里面，两派中以此派占上风。Quentin Skinner 的政治思想史著作在西方的影响是无远弗届的，他的《现代政治思想的基础》两大册影响很大。Skinner 在 28 岁时曾写过一篇文章痛批 Leo Strauss 等思想文献内部学派，影响亦大。

两派各有优缺点，他们都做过马基雅维利的《君主论》研究。Leo Strauss 写成六百页的书，对于章节安排、任何细微思想均做发挥；可是 Quentin Skinner 讲马基雅维利，则完全是另一种风格。联经"西方思想家译丛"有翻译，其中有许多殊胜之处，让我们觉得这些思想不是在空中飘浮，而是放进社会政治脉络中，马基雅维利的话不只是思想的话，而是有所指的。如马基雅维利提到君主须知道在适当时候不道德，照 Leo Strauss 的解释，可能纯从思想去讲思想体系概念意义，但 Quentin Skinner 则会说这句话是有所指的,针对当时意大利的政治环境,配合其思想而提出的。两种诠释方法相当不同,却让我有一种感觉,就是 Quentin Skinner 的新政治思想史对政治思想诠释虽然掀起这么大的波澜,但思想的丰富性消失了,他要把每一概念放到社会政治脉络上看,使《君主论》本身思想的丰富性消失了。因为能放在政治社会脉络的部分并不很多,我们反而要看 Leo Strauss 对《君主论》的阐释才能了解思想家思想的丰富、多彩多姿与变化万端。所以 Quentin Skinner 的新政治思想史虽然席卷了政治思想界,但也失去一些东西,如果这些思想家不是因为他思想的丰富与深刻,为什么还要研究他呢?

新政治思想史学派还因一套书《语境中的思想》(Ideas in Context)影响非常大。Quentin Skinner 曾说你如果要研究马基雅维利的思想地位,你不能只看他讲什么,你还要把当时时代的 language convention 找出来,因为他们都受后期的维特根斯坦的影响。后期的维特根斯坦有一重要概念——语言本身并没有它超越的、不变的意义,语言是在日常使用中产生它的意义,语言产生的是 language convention,一个时代公认的、约定俗成的概念。Quentin Skinner 受到影响,认为要找出思想家在那个时代的地位,必须看在 language convention 中《君主论》的某些思想到底在哪里。要研究一个时代的思想,他们会先把二流、三流的书或手册找出来看,找出 language convention 后,再把思想家放在里面，看出有多少部分是与那时代的 convention 是相同的，有多少是他迈越同时代其他人而展现独特性的部分，如此才能评估时代的思想状况和思想的特殊性。

（二）小历史（micro history）

小历史在西方史学界也有相当影响力，重要的为几位意大利史家，如 Carlo Ginzburg 的《奶酪与蛆虫》(*The Cheese and the Worms*)。他们基本上是对美国过去几十年受社会科学影响的历史或年鉴学派动辄处理几百年的反扑，认为历史研究不能再像以前，因为有如从十二楼高看下来的世界，看不到什么，美国社会科学要找出规律量化曲线，需要用到多少计算机，累积多少材料，再得出其结论。他们人类生活世界的丰富性和精彩性无法从高处俯瞰到，而应该在适当时间把史学规模缩小，所能看到的意义和丰富性有时是其他宏观地讲整体的几百年历史所看不到的。

但 micro history 也面临"零碎化"的批评，因为要处理某世纪某个小乡村的某个人的世界观，与整体的大历史图像似乎没有什么关联，要用很多过去所不用的材料，但下阶层的小规模的如村庄史料很少，例如前进的史学家也希望从中国历史材料中找到非常具有意义的小历史材料。几部 micro history 有名的书所根据的材料除非偶然得到，不然就是教会审判的材料，因为西方在中世纪以来对异端的审判中所问的问题非常细微,从外表生活到内心世界,所以留下许多好的历史材料。像拉杜里(Le Roy Ladurie)在《蒙塔尤》一书中所使用的史料,1930年教廷已将它们公布,但不大有人敢用它。而且用过去观点来看这些史料,看到的是一群人被迫害的历史;就审判材料来讲,这些材料也有很大的局限性,因为人在受审判时,并不一定说出其真实想法。至1960~1970年代以后,换一个角度来看这些材料,就像田野调查报告,很多 micro history 史家都用这类材料来重建小规模或下阶层的某个人的思想、世界观或生活世界等,基本上有零碎化历史之缺失,但也帮助我们在一个时代过度通论化(generalize)的叙述下,去了解细部历史如何运作。

(三)下层的历史(history from below)

几十年来西方史学界非常流行的重要趋势为对过去无名的没有记录的下层民众的历史做一些研究,而这是过去史学家所比较不注意的层次,马克思主义和西方的工人运动对下层历史影响很大。有一部很有名的 Eric R. Wolf 写的英文书《欧洲与没有历史的人民》(Europe and the People without History)是这方面的经典之作。

(四)日常生活史

目前,日常生活史研究有方兴未艾之势,年鉴学派后期有些一流的史家转向日常生活史的研究，像 Duby 编了一大套西方私人生活史即是一例（*A History of Private Life*）；同时也有一些过去默默无闻的著作重新被挖掘出来，最好的例子是埃利亚斯（Norbert Elias）所写《文明的进程》（*The Civilization Process*）。此书在几十年前已出版，但在当时学术风气之下，感觉太平凡、没变化而且没有意义，所以不受重视。可是随着大家对日常生活史的重视和兴趣而复活，里面讨论西方文明礼仪如现在那套正襟危坐、餐桌礼仪如何形成等。其实包括中国历史文人的日常生活史我们了解很少，其彰显一个我们过去不重视的面，士大夫或者士大夫社群的史料是无数的，可是过去史学眼光和角度很少去注意，这方面寥寥可数的书如《清季一个京官的生活》，然而其中生活史的部分其实很少。但这方面材料很多，史学眼光改变了，才会从这些史料看到意义。

（五）阅读的历史

过去史学界较少人研究阅读和图书印刷的历史，以前这是图书馆系的范围，但 20 世纪最后二三十年西方的印刷史（history of printing）成为十分热闹的一支，而且近十年来，已大幅影响到中国史的研究，有几本受到相当重视的书都与印刷史有关，或至少在背景部分大量运用古代的印刷和书本流通，说明文化与学术的关系。美国史家如

Robert Danton 一生均从此题目入手，他发现一个 17 世纪出版社的档案，有五万多封通信，钻研久了之后，看出一些非常有意义的问题，对整个法国大革命前后的历史诠释都有帮助。在法国也有史家像 Roger Chartier 研究图书的历史，包括印刷材料、传单、阅读的历史，他的《法国大革命的文化起源》（The Cultural Origins of the French Revolution）是大家所熟悉的。回头看中国古代经典的阅读诠释发展史，是很有意思的角度，看诠释如何形成，如何改变人们对经书的诠释，形成支配力量，如从乾嘉考证的形成过程可看其阅读变化、立下的标准与限制。过去的人不会以这种方式来研究。

（六）妇女史

在 1960 年代妇女运动盛行的影响下，妇女史先是流行妇女主义（feminism），接着是妇女史研究，至近十多年流行性别（gender）历史的研究，一波接着一波而来。人们在妇女史研究之后认为 history 应改为 herstory，因为过去妇女没有历史，认为如果用妇女史角度来看历史的话，文艺复兴、宗教革命都不会有，而妇女历史分期也完全不同。

（七）身体的历史（history of body）

研究为什么灵和肉相比，肉一文不值，而灵就那么重要，精神也永远比物质好，这种历史是如何形成的；研究发疯这个问题，在弗洛伊德之前和以后解释有何不同，弗洛伊德之前解释为撒旦附身或生理某方面的疾病，弗洛伊德以后认为这是精神问题。这些部分在过去很少人注意，但在过去几十年来成为相当重要的一股潮流。

（八）叙述体（narrative）的复返

在 1970 年代有人开始反省，20 世纪追求的新史学竟然如此玄妙，写出来的书没人读，里面没有故事，从希罗多德以来大家均认为史学家的基本任务为讲故事，但是不管年鉴学派、马克思主义史学还是新经济史学派等等都没有吸引人的故事在其中。普林斯顿大学的教授 Lawrence Stone 在 1978 年写的《历史叙述体的复活》（"The Revival of Narrative"），震动西方史学界。文章其实并没有太多创见，但它说中大家心中一件事：专业的历史著作已经没人读了。他批评三派史学：一是年鉴学派的"整体史"，布罗代尔建构那么大的七宝楼台——菲利普二世时代的地中海和地中海世界，但是除了最后几十页外，几乎没有人"人"在里面，他的"整体史"与人没有产生直接联系；二是批评马克思社会经济史，也很少"人"在内；三为批评美国新经济史学派，1989 年诺贝尔奖得主的新经济史派学者（Joseph Fogel、Douglas North）被他严厉批判，因为他们花了几十年用了许多助理做了许多计量工作，但他们的书没有人看得下去。曾任法国国家图书馆馆长的年鉴学派第三代代表勒华·拉杜里 1970 年代出版了《历史学家的领域》(The Territory of Historian)，书中提到至迟到1980年代，如果没法设计计算机程序，就不能成为史学家。Lawrence Stone 即针对这点批评说，做了这么多问卷统计，但最后所得答案常常没有意义。Lawrence Stone 写这篇文章与他个人的研究经验有关。他从牛津大学到普林斯顿，受当时流行的计量史学影响，用了大量助理，统计了大量计算机数据，大费周章地研究英国中产阶级开放性或者封闭性的问题，结果大病一场，只写成一本小书。当他在医院养病时看一些16世纪的小说、日记、书信集消遣，后来写了《英国的家庭、性与婚姻，1500～1800》，反而成为很重要的书。他写"The Revival of Narrative"一文基本上也出于他个人的反省。

六　新文化史

新文化史是近十年来最当令的史学派别，对新文化史有兴趣者可以看 Lynn Hunt 所写的《历史的真相》一书，中文翻译由台北正中书局出版，解释为何会有新文化史。新文化史基本上认为我们现在看到的种种现象都是文化建构（cultural construction），许多我们研究的经典在当时都不是经典。莎士比亚的戏剧在开始时不是经典，它有一个被经典化的过程，一个文化选择建构的过程。包括男女性别也是文化建构，西方对女人的要求期望与东方不同，对性别的态度也受到文化的建构。所有的界域（boundary）

随时代社会变迁而变化，包括对性别、身体、疯狂或正常、有罪或无罪的看法，是社会和文化建构的结果，任何约定俗成或以前认为不变的东西，在他们看来都是流动的和建构的，由此而开启的史学问题很多。新文化史处理的许多体裁其实年鉴学派已经处理过，但方式不同，他们重视文化和社会的建构性力量，甚至如疼痛、某些紧张感觉也都是文化建构。马克思主义认为一切都是经济决定的，新文化史则认为一切都是文化社会建构的，既为建构的，就不是永恒不变的，也不是由社会经济所决定的。

七　史学典范的危机

近十年来，后现代理论对史学的挑战最大，它有一个很重要的观念是"文本"。"作品"是人的意图之下所写出来的，后现代认为没有作品，全部都是文本，与作者意图无关，是语言的力量，语言可以颠覆人的意图，人其实是在语言的牢房里面。后现代一个重要的理论来源是19世纪末瑞士语言学家索绪尔（Saussure）在《普通语言学教程》一书中所提出的语言学观念，认为语言可以分成"能指"（signifier）和"所指"（signified），在各种语言中能指与所指是没有固定的一对一的，而是任意性的关系，他认为语言所讲的与所指的东西无法复原，看到的文本这些语言后面所指的 signified 无法复原，既然都是读文本，则我们了解的是一样的。语言和其所指的东西是任意性关系,百年之后读此文献,大家解释都是一样的,因为后面指涉的东西无法复原,都是某种程度的物事,所有人都是同样的对同一东西的再现。既然你的是再现(representation),我的也是再现(representation),那么我们之间有什么高下之分?所谓历史真相到底又在哪里?

萨义德(Edward W. Said)的《东方主义》(*Orientalism*)一书也产生相当影响,书中讲西方早期到东方(指中亚或西亚)来的了解都带上白种人的眼光,无法说他们represent 的 oriental 是真实的,他们的 representation 只是各种 representation 中的一种,则何者客观?历史的真到底在哪里?

英国一业余史家 Keith Jenkins 所写的《历史的再思考》(*Rethinking History*)这本小册子,把"过去"和"历史"截然二分,"过去"无法由"历史"完整呈现,而且每一个人在呈现过去时都有许多主观见解夹杂其中,有各种偏见和各种考虑,所以历史的 objectivity 是什么?这个影响一开始只是水坝的一个小洞,只是"能指"和"所指"没有固定对应关系,变成"文本",到后来"文本"后面的东西无法复原,到最后是历史的客观性是无法追求的。

库恩(Thomas Kuhn)《科学革命的结构》(*The Structure of Scientific Revolution*)对历史的 objectivity 挑战也很大,这本书有将近二十年时间在西方人文社会科学界影响很大。谈历史客观性时有一个重要模范（model），那便是自然科学，但库恩的科学革命结构说科学不是客观的，而是很主观的东西，不是具有怀疑精神的，科学家是很保守的，而且科学理论不是如 Karl Popper 所讲的，先有理论，再不断有事实来测试理论，事实上可以修正甚至推翻理论。

库恩反过来认为是理论把科学事实扫进垃圾桶，是先有理论，然后才把发展的事实塞进理论的典范（paradigm）里面，等到有一天，产生很多非典范所能解释的变异现象的时候，人们才开始慢慢思考这些典范所不能解释的变异可能必须寻求另外的解释，于是有人提出新理论，然后透过"科学社群"中的说服工作，慢慢形成另外的一个典范。所以是先有典范，再有科学家在里面做拼图填补的工作。而库恩说典范是由科学家社群所决定，受种种政治、社会、经济原因的影响，人们会放弃原来的典范，寻找另一个典范。既然科学也是由科学家社群决定，受种种社会、政治、经济等影响，科学家才能形成共识，既然典范先于科学家所讲所做的实验发现，如此科学的 objectivity 在哪里？库恩说每一个典范都不能解释所有大自然现象，新的解释一部分，也丢弃了一部分，所以客观在哪里？

传统史学的客观建构的真受到挑战，不只后现代，还有其他许许多多力量的促成，这是我们面临的 20 世纪末的史学危机。

八　重新思考 E. H. Carr 的 *What is History*

四十年前英国的俄裔史家 E. H. Carr 写了一本《什么是历史》(*What is History*)，这本书是所有西方大学历史系的入门书，虽然后现代史学挑战那么厉害，但近年来此书仍经久不衰，可以在美国任何书店买到。此书是 1961 年写的，在准备这个演讲时，我第一个想法是我们可以回顾，在经过四十年的变化后，人们对历史究竟产生什么不同的看法。

我的第一个印象是如果照后现代的看法，此书可能从第一句错到最后一句。E. H. Carr 在 1961 年写此书时，绝对不会想到史学会面临这么大的挑战，所以在书中完全嗅不出这种味道。照后现代角度来看历史的真相是不可能得到的，连最谨慎的史学家 Iggers 在《二十世纪的历史学》最后一章也讲，我们虽然不敢说可能得到绝对客观，但是我们能做到尽可能趋近客观。E. H. Carr 已经是他那个时代相当前进的史学家，书中有许多部分回顾起来仍然相当新，但他绝不会想到后来从文学、语言、哲学跑出一些人对史学做出致命的一击。如果要从这么激烈角度来看这本书，它有许多部分仍站得住脚，但有相当多仍然需要修正。

（一）什么是历史事实

E. H. Carr 说历史事实与一般事实不同，一般事实很多，而历史事实是历史学家挑出其中一部分。但 E. H. Carr 绝对没想到历史研究范围可以如此宽广，如身体的历史、图像史、感觉的历史、心态的历史、下层百姓的历史、妇女的历史，另外如福柯（Foucult）所写的疯子的历史、诊疗院的历史、法国公共卫生的历史，等等，这些都是 E. H. Carr 所没想过的。

（二）社会英雄与个人

E. H. Carr 在书中谈很多个人和社会关系，对此他持调停之见，认为个人和社会都很重要。可是过去几十年历史的发展，似乎认为个人并不重要，尤其是年鉴学派几位大师认为个人只是泡沫，个人是被整体结构决定的，甚至于如后来日常生活史、小历史宣称要摆脱布罗代尔那么大的历史架构的这些史家，其实也没有真正如 E. H. Carr 所讨论到的对历史举足关键的英雄或重要的政治人物。E. H. Carr 只在讲个人与社会时，重视的是大人物，对下层百姓很少谈到。

（三）历史的必然性与偶然性

对历史必然性与偶然性的讨论，也是 E. H. Carr 书里重要一章。他写此书之前在史学理论方面有一篇 Isaiah Berlin 所写的影响重大、轰动一时的文章——《历史的必然性》（"Historical Inevitability"），E. H. Carr 对这篇文章非常反感。不过现在看起来，Carr 对 Berlin 有很大的误解。在 What is History 书中凡是提到 Berlin《历史的必然性》时，他总是有意无意地争辩说 Berlin 是主张偶然论，但阅读 Berlin 那本书和其他相关著作的会了解，其实 Berlin 只是认为人在历史发展中有相当大的自由性与主动的角色，人并不是如马克思所讲是历史定律的囚徒，一定按几个阶段论发展，Berlin 认为人有自由意志可以左右历史，但那并不一定就是偶然论。

（四）因果观念

E. H. Carr 提到很多因果观念，可是他的因果观念多是一对一的，从年鉴学派以来讲的是结构和个人的关系，结构式的因果观在 E. H. Carr 是没想到的。E. H. Carr 没有意识到可以有结构和个人的因果关系。

（五）历史的客观性与历史是否一直在进步

人是否能摆脱成见来研究历史？看过去几十年流行的诠释学或后现代对人的先入之见或偏见的反省或批判，尤其如 Gadamer 的诠释学认为没有 preunderstanding，没有 prestructure，没有这些先入之见，要了解一个东西是不可能的；人不可能如同笛卡尔的理想澄清到如同一面光明镜子般去看一件东西，而 E. H. Carr 还留在过去传统中，虽然相当有保留，可是他似乎没法了解历史研究要在承认人不能如笛卡尔讲的像清澈的镜子的前提下，而且是因为有那么多先入之见才能了解历史。

过去几十年，史学的发展使人们思考历史的因果和客观性都产生巨大变化，对照 E. H. Carr 的书，许多是他所没想到过的，所以有很多想法要变。变并不一定是对的，但是可以作为一种对照。

现在批评后现代的书越来越多，因为在其形成风潮时没有人敢撄其锋，反倒是一位澳大利亚史家写 *The Killing of History* 最先痛批后现代，逐渐形成风潮。我们不知道后现代究竟还会流行多久，但它有其正面意义，那就是提醒我们，作为一位历史家，承认人的有限性。我们反省近百年甚至数十年来的历史，后现代提醒我们一件事，它是这么多东西下的产物，有这么多的先入之见、背景、权力、政治、文化社会因素支配他的写作，所以史家是极为有限的，作为一个历史工作者要时时以此提醒自己，这是本世纪末这么风行的后现代所要流传久远的部分。

（2000~2002 年，"国史馆"学术演讲稿）

什么可以成为历史

大约十年前我策划了一套书《中国史新论》,去年夏天,它得到第一届韩国坡州出版奖。这个突来的奖励使我异常惊喜,也勾起一些回忆。在受奖的致辞稿《什么可以成为历史》中,我认为"什么可以成为历史"是一直在变化中的,而这套书的用意便是响应这个问题。

这套书基本上反映了当时新的研究重点。我个人留意到当时有若干新的重点领域正在浮现,包括文物图像、宗教礼俗、生命医疗、生活史、文化史、法律史、科技与社会等。相对于过去半世纪,这些领域都比较新,也有一些是过去处于边缘,现在转为核心的。这些领域相当新奇可喜,但也有一定的危险性,即一旦没有聚焦或没有重大问题时,很容易产生"零碎化"的现象。

记得怀德海曾经在他的一本讨论真理的小书中提出"什么是重要的"及"什么是事实的"两个重要的判准。"什么是事实的"比较稳定一些,"什么是重要的"则一直在变,史学既然是"过去与现在不间断的对话"(E. H.

Carr），那么，每一个时代不同的"重要"感自然会牵动历史视野的变化，所以"什么可以成为历史"恐怕是个永远存在的问题。

本文想强调的是，在过去二三十年，"什么可以成为历史"有一个重大的转换，它把"自然"与"人文"的古典分类打破了。以前认为"自然界"没有历史，只有"人文界"有历史，现在这个区分开始溶解了。在这里，我要从一百多年前梁启超开创中国近代史学的里程碑之作《新史学》中的论点出发做一阐述。

在《新史学》中，梁启超非常用心区分何者为"历史"，何者为"非历史"。他说："自动者才是历史，他动者并非历史。"他区分"天然界（或自然界）"与"历史界"。天然界是不变的，昨天如此，今天如此，明天亦如此，所以没有历史。梁启超说："循环者，去而复来者也，止而不进者也，凡学问之属于此类者，谓之天然学。"历史是有目的的、进化的，故他说："进化者，往而不返者也，进而无极者也，凡学问之属于此类者，谓之历史学。"因此，"天然界"没有历史，"历史界"才有历史。梁启超的说法反映了18、19世纪以来西方许多人文学者的意见。可是近一二十年来兴起的一些新研究领域，却重重地挑战了这类论点，原来"自然界"也可能有历史，"自然界"与"历史界"的疆界变得混淆不分了。

我觉得有两种发展，将"自然界"与"历史界"的区分泯没了。一方面是人类的关心（"什么是重要的"）涵盖到若干以前人们罕以注目的主题，另一方面是如威廉·詹姆斯（William James）所说的，研究自然的那些东西，感觉起来好像跟人没有关系，然而一旦用历史的眼光来处理研究题目，把人带进来后，研究本身就变成是人文的，而不完全是自然的了。就我所知，上述"人文化"的工作向来就不曾停过，可是在过去二三十年，"人文化"的范围正跃出它原来的限制，大步跨往一些原先认为绝不可能置足的领域（如性别史），且在不停地扩张中。

另外还有一个很值得注意的新变化：人类"戡天役物"的本领变得愈来愈高，改变或破坏大自然的力道愈来愈强大，人成为 geological agents，人类的活动造成了自然界的各种变化，"天然界"不再是梁启超所说的"昨天如此，今天如此，明天亦如此"，大自然变得充满 singularities，各式各样不能预期的单一现象打破原先人们长期经验累积起来的"规律"。而各种单一现象的变化便是历史所要处理的题材，"天然界"有了各种历史。[①] 它打破了"自然"与"人文"的古典区别，连带的，像梁启超《新史学》及其他宣扬这类观点的文献也受到挑战。这是一个重大的变化，而这个变化的范围还在扩张中，所以"什么可以成为历史"这个问题仍在剧烈的变化中。

---

① Dipesh Chakrabarty, "The Climate of History: Four Theses," *Eurozine*, 2009 10.

作为一个历史学者，我一方面为历史学的范围可以扩张到许多新领域而感到兴奋，但是从另一方面说，对于人类过度戡天役物所造成的"自然界"的急遽变化亦大感惊诧。回顾一百多年前梁启超信誓旦旦，认为绝不可能逾越的"自然界"与"历史界"之分，如今竟已变得疆界难辨，思之不免心惊！

历史领地的流变

我感到非常荣幸能够获得这个奖项。① 今年 6 月间，我得到获奖通知时，异常的惊讶，也异常的高兴。因为这一套书的编纂过程与我的生命历程有些重叠，其中又有若干的骄傲与感伤。

在这里我不准备对个人的情绪做太多描述，而是想针对三个相关的议题略抒意见。第一，编辑《中国史新论》这套书的动机，尤其是史学界的新动向与这套书有何关联；第二，电子数据库为获取史料所带来革命性的变化，它如何影响史学家的工作；第三，"书文化"的危机，以及我们能为此做些什么。

一　《中国史新论》的编纂过程

2003 年，我被任命为中研院历史语言研究所所长，这是一个历史悠久的研究所，在它的历史上出过傅斯年、李

---

① 本文是在 2012 年因策划《中国史新论》获得韩国"坡州出版奖"时的讲词。

济、董作宾、陈寅恪、赵元任、李方桂、凌纯声、徐中舒等许多了不起的学者。

中研院历史语言研究所是一个以出版大量高水平的研究论文及专书而扬名的机构,我曾经粗略计算过,在它七十几年的历史中,出版过一千多册的专书及集刊。当我接任所长时,我自觉应该继承这个出版传统。从历史语言研究所的档案中,我看到史语所创所所长傅斯年,是以催书、逼书为他的主要职务之一,以至于史语所的藏文专家于道泉曾经不满意地说:"你(傅斯年)好像是开公司的。"

我当时的计划是将所内的研究成绩组成几种出版系列,包括"古文字与古代史"系列、"法律史"系列、"史料丛刊"系列等。另外计划在所外出版的是两套书。一套是联经出版公司出版的"生命医疗史"系列,包括《宗教与医疗》、《疾病的历史》等册,这套书是"生命医疗史研究室"整理多届的生命医疗史会议的论文而成。另外一套书便是《中国史新论》。

《中国史新论》的规划主要有两个背景。首先,在构想这套书的形式时,我无疑地受到我大学时代一套《中国文化新论》(联经出版公司,1981~1983)的影响。这套13册的大书,为好几代学术界及社会中人提供了非常好的指引。其次,我担任所长时,许多人提醒我2008年是史语所八十周年,所以我一直在构思如何推动一套新书来庆贺史语所八十周年。

在此之前，中研院有过两次编辑这类套书的构想。第一次是在听闻英国剑桥大学出版社将编辑《剑桥中国史》时。在当时中研院院长王世杰指示下，曾发起编辑多卷本的《中国上古史》。可惜这套书并未完成，但是目前我们所能见到的部分成品《中国上古史》（待定稿）四册，在我个人看来，其中固然有若干过时之处，但仍然非常具有参考价值。另外一次"雄图"则发生在1980年代后期，那时史语所同仁想编一部"南港中国史"，提出我们对中国历史的诠释，不过这个计划最后并未付诸实行。

我发起《中国史新论》是有鉴于在1990年代，台湾的历史研究出现了若干新的动向，如果要问《中国史新论》这套书"新"在何处，必须先说明这三个新动向。这些新动向具体而微地表现在这套书的选题、史料运用及工具运用中。

首先，这套书基本上反映了当时新的研究重点。我个人当时留意到有若干新的重点领域在浮现，包括文物图像、宗教礼俗、生命医疗、生活史、文化史、法律史、科技与社会等。相对于过去半世纪的发展，这些领域都比较新，也有一些是过去处于边缘，现在转入核心的，所处理的问题也有许多是过去意想不到的。这些领域相当新奇可喜，但也有一定的危险性，即一旦没有聚焦或没有重大问题时，很容易产生"零碎化"的现象。在《中国史新论》的编纂过程中，我们尽量避免上述的毛病。

"什么可以成为历史"这个提法当然有些夸张，但是如果史学的视野没有观照到某些领域，那么特定史事是不会被认为值得书写或是可以书写的。在策划这一套丛书时，"什么可以成为历史"这个问题确实常常掠过我的脑海。本书的许多篇章，从表面上看起来或许不觉得有什么特别，可是如果把它们与二三十年前的论著相比较，就可以看出在"什么可以成为历史"这一提问下已经有了许多改变。

在这里举《中国史新论》中的"基层社会"分册为例。我们注意到史学界当时有一种兴趣，即由了解上层为主下降到庶民的研究，以及对基层社会的注意。此外像"生活与文化史"分册，主要是不单从传统的文化史着手，而是结合生活史与文化史来探究；"医疗史"分册，过去基本上是医学史的范畴，但以"医疗史"为题，则包含更广泛，且更合乎生活实践中的医疗部分。医疗史是台湾过去二十年非常热门的一个研究领域。

其他像"性别史"，也是过去史学界所较不关注，而在过去二三十年中，因为女性主义的兴起，带动的一种史学研究。"科技与中国社会"分册所探讨的范围，也远远超出原先科学史或科技史的范围，而是试着把科技与社会密切地结合起来讨论。至于这套书中"古代文明的形成"

与"中国思想史上的重大转折"也是一种新的提法。因为大量的出土材料,使得我们知道应该运用新出土材料,针对中国古代文明的形成做重点式的探讨。而"中国思想史上的重大转折"则是摆脱过去思想史的论述方式,集中讨论历史上几次重大的思想转折。

由上述说明可以看出这一套书有一个"新"处,即地方社会与日常生活的层面几乎贯穿每一册的内容。同时这套书中也体现了三种研究态度上的转变。第一是由前一代五四青年的理性主义、科学主义,转而以同情的理解或沟通的态度,看待历史文化中生活礼俗的层面。第二是对过去一笔带过的,甚至认为是干扰的层面,正面地加以处理;一改过去认为某些现象只是一种偏离、脱轨、待矫正的,改为正视它们所展现的特质,正视其本身之创造,从而开启了一个新的研究世界。第三是以世界史的视野来看中国历史。

最后,我要强调"什么可以成为历史"这个问题仍在不停地变化中。在这里,我要以一百多年前梁启超开创中国近代史学的里程碑之作《新史学》中的论点出发做一阐述。

在《新史学》中,梁启超非常用心区分何者为"历史",何者为"非历史"。他说:"自动者才是历史,他动者并非历史。"他区分"天然界"与"历史界"。天然界是不变的,昨天如此,今天如此,明天亦如此。梁启超说：" 循环者，去而复来者也，止而不进者也，凡学问之属于此类者，谓之天然学。"历史是有目的的、进化的，故他说："进化者，往而不返者也，进而无极者也，凡学问之属于此类者，谓之历史学。"因此，"天然界"是没有历史的，"历史界"才有历史。梁启超的说法反映了18、19世纪以来西方许多人文学者的意见（如 R. G. Collingwood）。可是近一二十年来兴起的性别史、环境史、生态史等新研究领域，却重重地挑战了梁启超的论点，原来"自然界"也可能有历史，"自然界"与"历史界"的疆界变得混淆不分了。

我觉得有两种发展，将"自然界"与"历史界"的区分泯没了。一方面是如威廉·詹姆斯（William James）所说的，研究自然的那些东西，感觉起来好像跟人没有关系，然而一旦用历史的眼光来处理研究题目，把人带进来后，研究本身就变成是人文的，而不完全是自然的了。就我所知，这个"人文化"的范围正在不停地扩张中。

另一方面是人类改变、破坏大自然的程度愈来愈厉害。人成为 geological agents，人类的活动造成了自然界的各种变化，因而"天然界"也有历史。[①] "环境史"等新史学领域的出现，正是这方面的例证。所以"什么可以成

[①] Dipesh Chakrabarty, "The Climate of History: Four Theses," *Eurozine*, 2009 10.

为历史"这个问题仍在剧烈的变化中,且让我们拭目以待。

《中国史新论》的编纂还有两个特点,既可以说成是"新",也可以说是"缺失"。第一,这一套书中政治史及制度史方面的分册未能完成,这当然反映了近几十年来政治史、制度史之式微。这个情形不只发生在中国史领域,西方史学亦然。第二,我们放弃像《剑桥中国史》那种通史式的呈现方式,而是在每一个重要的时间段落中,呈现该分册的主题中比较重要的历史现象。这个现象当然是由作者选定的,代表着执笔者的历史见解。

二 史家与史料的关系正在改变

在这套丛书中还有一个"新处",但它内隐在篇章的撰述之中,就是大为借重电子文献数据库中的史料。

网络与电子数据库的发展,使得研究者不再像以前那样耗费许多时间反复查阅史书(当然精读史书仍是第一要义,才不至于脱离脉络,也才能有机地掌握历史),或四处求索相关研究信息,以建立相关的辅助性知识。

四十四年前(1968年),法国史家勒华·拉杜里(E. Le Roy Ladurie)发表了一篇震动一时,却只有薄薄数页的短文——《史家与计算机》。在这篇文章的末尾,他宣称,至迟到1980年代,史学家如果想要生存,他或她必须同时是一个计算机程序设计者。我们细看他所条举的非计算机不可的领域,大致集中在人口史、物价史、家庭史等高度需要计量的领域,而批评者们则认为这与重视历史解释、重视历史叙述、重视意义发掘的史学互相排斥。

但是近十年的发展,证明拉杜里把计算机的功能想得太窄了,计算机不只能计量,它还有许许多多的功能。我个人完全了解过度依赖电子文献数据库治史的重大危险,并且始终坚信,对于历史文献细密而又富想象力的解读,仍是治史之首要条件,但是电子文献也可以起一种画龙点睛式的辅助作用。计算机与解释或意义的发掘并不互斥,甚至可以寻找到一个新的接榫点。

以下我想举个人研究过程中的一些例证来说明。我是一个计算机盲,一切研究都处于手工的阶段,但是在有限的使用中,却体认到电子数据库的强大力量。第一,在《中国史新论》的"中国思想上的重大转折"分册中,我写了一篇《道、咸以降思想界的新现象——禁书复出及其意义》,文章讨论到清代的政治压力之下文化领域的变化,其中牵涉到历史记忆、政治文化及思想文化中的自我压抑等问题。在这个研究中,因为牵涉到太多压抑在心中而不能说出来的层面,所以我戏称之为"追索无声的历史"。我常需要了解敏感的书籍或敏感的议题与字眼在整个清代浮沉的情况,这时候电子文献便扮演无可取代的作用。

而在另一篇《权力的毛细管作用——清代文献中"自

我压抑"的现象》的长文中,我探讨政治压力对日常语言的影响,因为清代头发是敏感的问题,所以我设想在明代常用的"一发千钧"或"千钧一发"应该是犯忌讳的。但是我不可能通读所有的文献去印证这个假设,于是我请助理查询中研院建置的"汉籍全文数据库"中《明史》的部分,在很短的时间内便确定它从未出现过。当我想确定《扬州十日记》或《嘉定屠城记》等敏感的图书是否曾经在清代的道光、咸丰以下的时间被公开提及或公开流传的记录时,电子文献库也可以很快地解决这方面的问题。

以我其他的研究为例,它们常常牵涉到近代思想中新概念的出现以及它们如何改变近代中国思维世界的问题,而电子数据库便常常帮我确定了它们的系谱。就以"传统"、"主义"、"民主"等词为例,为了确定它们是不是新出的词汇,只要一敲计算机,在极短的时间内便得到了答案:古书中从未出现现代意义下的"传统"、"主义"或"民主"。

电子数据库也为人们提供一种纵深理解的能力,此处再用"主义"这个观念为例。"主义"是改变近代中国思想气候的重要概念,五四那一代人非常向往"主义",套用傅斯年先生的一句名言:不管信从的是哪一种主义,"有主义总比没有主义好"。这种以"主义"为万灵丹的思维究竟如何一步一步网罗近代中国人的心灵,以至于发展成"主义崇拜",也是我所好奇的。而初步解决这个问题时也只需要一点点时间查电子数据库，然后很快了解到，晚清人们开始大量使用"主义"一词时，它不过是指一种"宗旨"或一种"主张"而已，绝无后来那种"包山包海"的威力。

从上述例子中可以看出，在追溯一个重大思想观念的变化时，电子数据库方便我们在极短的时间内得到一个长远的、纵深的轮廓，也可以对共时性的历史现象得到广泛的理解，因而可以进行更有把握的推论，同时也使得另一种层次的历史解释与历史意义的追索成为可能。此外，电子文献数据库常常可以帮助我们确定"何者为某时代所无"，而"所无"本身是一件具有重大意义的历史现象，没有证据本身也是一种历史证据，所以电子文献可以帮助我们把"空白"转换成一种新的历史证据。

我认为电子数据库只有辅助性的作用，但是我们不能小看这种新的史料关系所造成的史学论述的改变，细心的读者将可以在《中国史新论》的若干篇章中感受到这种转变。

三　保卫"书的文化"

最后，因为这是一个东亚出版界的活动，所以我要谈一下"书的文化"在世界许多地方看似日渐萎缩的现象。

我觉得这个问题可以分成两方面谈。一方面是计算机及网络造成了书文化的危机，一方面是人文学界的"论文化"所造成的危机。最近我读了 Anthony Grafton《书本的危机》(*Codex in Crisis*)。他说："自印刷术之后，计算机与网络对阅读造成的影响，没有任何科技可匹敌。"我原来期待他能对书的危机提出一些看法，但是这本小书大多是在讲书、图书馆与读者的历史，虽然也触及网络及电子书，但对我所关心的如何保卫"书的文化"着墨不多。"书的文化"与计算机及网络的文化是否一定是彼消我长、你死我活的关系，我目前还没有能力解答，但人类应努力设法使它们成为互补、互助的关系。

倒是第二个现象，我的了解比较亲切。公元2000年我开始担任台湾的"国家科学委员会"的人文处处长，我观察到一个令人惊讶的事实，即台湾的人文社会科学正逐渐从"书的文化"转变成"论文的文化"。也就是说，在自然科学强大的笼罩之下，人文及社会科学也模仿自然科学，开始以撰写单篇论文作为他们最主要的表现研究成绩的方式。当时我们采取了一个政策，由人文及社会科学中心每年用八百万新台币补助出版有审查的专书。有一次"国科会"副主委问我们这个数目够用吗？没想到一年下来，根本花费不到五分之一的预算，可见全台湾每年出版的人文社会科学方面的书是如何稀少了。

在人文社会学中"论文文化"的压倒性胜利，表现为学术界普遍轻视或怀疑书的严谨性与贡献度，狂热地追逐SSCI或其他有指针系统的学刊。学者的考绩与升等成绩表中倾向于把"期刊论文"放在最前面,而把"专书"放在比较次要的地位,或是仅仅当作"参考"。这是18、19世纪以来人文学科从未经历过的变化,进一步促成了"书的文化"的萎缩。

  我们能做的非常有限。为了保卫"书的文化",我在中研院副院长任内举办了"中央研究院人文及社会科学学术性专书奖",邀请全台湾的人文学者来参与竞争。希望这一个小小的努力,能够多少帮助已经摇摇欲坠的书的文化站稳脚步。

如何透过历史向古人学习

这是一篇命题之作，字数又有明确的限制，所以不能就主题的各个层面广泛地进行讨论。此处只能就培养"历史的思考"（historical reasoning）这一点来谈。

"历史的思考"是我喜欢用的词，我的意思是，任何一种现代学科都有通识的任务，正如经济学教导人们"经济学的思考"，历史学一样可以培养"历史的思考"。

"历史的思考"至少有几个要素。第一，历史想象能力的培养。这是人文教育很重要的环节，在经过相当的培养之后，能使历史世界在脑海中活起来、亮起来。第二，要尽可能地对历史事件进行全景式的掌握，包括纵深的及横亘的两个层面。它训练人们避免零星地、孤立地、点状地看历史事件，而倾向于将历史事件理解为一方面是历时性的因果相续，一方面是一个时代中各种复杂因素相互作用而成，有些是原先已在（given）的条件，但也有人类靠着努力可以加以改变的部分。这种"认知复杂度"的培养，使得一个人立身行事，对事对物可以有比较合情理的判断。第三，虽然历史发展没有规律可循，不过，在阅读大量历史之后，读者虽然不能准确地预测未来，但是应该练习把握历史发展过程中的演变趋势。

练习培养"历史的思考"能力时，应该将"史家的逻辑"与"事件的逻辑"做相当程度的区分。为何这种区分是必要的？事件的逻辑是顺流而下的，史家的逻辑是由已知上溯未知，一个是由 A 到 Z，一个是由 Z 到 A。读者必须同时把握这两者，一方面摸索事件的逻辑，一方面接受史书中之陈述。前者的特性是一切好像都是顺理成章地发展下来，但是逆反的逻辑可以帮助阅读者回到事件之前那个充满未知、充满或然率的世界，设身处地进行摸索和判断，设想自己是一个历史行动者，揣想自己处于当时的情况，以当时所能获得的有限讯息，去做种种判断与处置。吕祖谦说读史"当如身在其中，见事之利害、时之祸患，必掩卷自思，使我遇此等事，当作如何处之？如此观史，学问可以进，知识亦可以高，方为有益"，即是这个道理。[①]

但这还只是认知层面的培养，读史还有一个重要的作用，是"历史智慧"的孕育。历史是生活智慧的重要资源。人们吸收历史知识的来源非常广，不只限于史书，还

[①] 见吕祖谦《史说》，《吕东莱先生文集》卷19，退补斋金华丛书本，清同治七年，第2页上。

包括戏曲、故事及日常生活中时刻发生的谈论与阅听。它们储存在人们的脑海，就像是储存在计算机的硬盘，透过自动存取系统，在特定的时候将历史知识存取出来，作为生活的参照架构。

历史同时也是属于情意层次的资源，它提供一种深远的历史感，这种感觉的内容与层次非常广泛，可能是一种由时间的纵深产生的人生感受；或是在面对古迹或历史时，心中产生的庄严、深远、悲凉的感觉；或是从历史阅读中获得一种"根源"的感受。人和动物最大的不同之一，恐怕就是动物不需要历史感，而人类需要。所以一个孤儿会非常希望知道自己真正的身世，但动物大概不会有这种渴求。现代人生活在一个不断加速变迁的社会，人们仿佛失去了根，有一种想和过去重建关系的心理需求，而历史著作为现在与过去提供了一道桥梁。

人类过去的历史是一个"无尽藏"，现代人生活忙碌，不可能遍读卷帙浩繁的史书。在这里想劝大家利用时间，多少读一点史书，必能得到许多意想不到的生命资粮。

（原载《洪建全基金会会讯》第 53 期，2007 年 5 月 1 日）

龚自珍的《尊史》篇

最近十多年来，我屡次应邀以"历史的功用"、"历史与人生"或"历史的教训"为题演讲。因为讲得多了，我决定将来无论如何一定要写本小册子或一篇文章来谈这个主题。

这里提到龚自珍的《尊史》篇，是为了响应演讲中常常遇到的两个问题。一个是，历史都是过去的事，读历史能有什么用？另一个问题是，历史都是过去式，怎样才能既受用又不被它羁绊。

首先，对于是否要在历史写作里面安排"历史教训"，学者们其实一直有争论。经济学大师亚当·斯密有一份评论历史的遗稿就说过，他坚决反对刻意在历史著作中安排教训。他说真正好的历史，从它的人物、它的情节，读者自然而然就会得到教训，何必刻意去强调与安排呢？

回到正题，我要先举一个例回答第一个问题。日本德川幕府的开创者德川家康，一向以模仿他人或模仿史例而有名。德川家康几乎不相信自己的原创力。他为了与丰臣秀吉决战，把德川家的战法及政略全部改为甲州武田信玄的战法及政略。他对付丰臣秀吉的包围政策，就是由阴谋家足利义昭那里学来的。

武田信玄刚好相反，他的兵法完全是自创的，从不去模仿史例或他人。正因为如此，德川家康能左右逢源，他经历了数百次大小战争，所使用的战法始终不一，敌人猜不透，司马辽太郎即说武田信玄偏于独创，而再了不起的独创者也还是有一个特定的范围，敌人反而比较容易猜到他的下一步。

史例像一个无所不包的武器库，有本事的读者可以从中挑选一件合适的武器来与敌人对阵，就好像一位熟记各种棋谱的棋手，他一出手，便有古往今来多少有名的棋局在胸罗中供其驱遣。在许多次演讲中，我都举这方面的例子说服我的听众们，历史的用处很多，千万不要轻视。

但是我也经常听到一种问题：古代与近代社会相去十万八千里，太过沉醉于过去的历史，不就会成为一个专门靠"后照镜"来驾车的司机吗？为了回答这个问题，我往往提出龚自珍《尊史》一文中的"大出入"理论。

龚自珍的《尊史》中说：

其于言礼、言兵、言政、言狱、言掌故、言文体、言人贤否，如其言家事，可谓入矣。又如何而尊？善出。何者善出？天下山川形势，人心风气，土所宜，姓所贵，国之祖宗之令，下逮吏胥之所守，皆有联事焉，皆非所专官。其于言礼、言兵、言政、言狱、言掌故、言文体、言人贤否，如优人在堂下，号咷舞歌，哀乐万千，堂上观者，肃然踞坐，眄睐而指点焉，可谓出矣。

尊之之所归宿如何？曰：乃又有所大出入焉。何者大出入？曰：出乎史，入乎道，欲知大道，必先为史。

龚自珍的这两段话并不好理解。他的意思中有一部分大致是这样的：读史的人要能"入"，又要能"出"——要进入历史内部，曲尽它的一切事实（"入"），然后又要置身其外，观其大体，了解其意义，细味其大势……（"出"）。

推广龚氏的"大出入"之说，我要对前面提到的问题试做解答：一个善于读史的人必须能"入"又能"出"，"入"而详究一切史实，"出"而旷观大体，然后才能决定应该在何处遵守史例、何处变通、何处放弃、何处进行"破坏性创新"。为了说明这一点，我想再举两个例子。第一，英法联军打进北京城的时候，恭亲王召集了北京的大官，商量如何处理，当时所有人都说应效法燕云十六州之故事，割地赔款，可是有一个侍御，官没有那么大，他略通当时世界的情势，说按照西方的惯例，把军费赔给对方就好了，不必割地，结果恭亲王听了他的话，果然把事情办通了（参朱维铮《重读近代史》）。这件事情提醒人们，到底是要照陈案办，还是要判断大势（"出"），决定要不要照陈案办。如果照陈案办，就是割地赔款。可是不全用"后照镜"看未来的人，也可以变更陈案以退敌人之兵。这件事情告诉我们只有"入"还不够，在运用历史时，还要加一个"出"的功夫，如果完全按照历史的成例，就要割燕云十六州，还要赔款，可是如果稍稍通晓新的世势，原来不用割地，也可以退敌人之兵。这是第一个例子。

第二个例子，在第二次世界大战初期，欧洲（尤其是德国）许多将领深受一战的影响，所以他们打的还是第一次世界大战。第一次世界大战的时候，对许多德国将领而言，坦克车的角色是辅助步兵，同时拿来做后勤运输之用。如果谨守这个成例，那么，坦克车永远是配角，不是战争的主角。可是到第二次世界大战的时候，德国用坦克做主力，大量、集中地使用在关键的地方，这个观点逐渐被接受，成为德军初期对波兰、捷克闪电战之主力。这个例子与前面那个一样提醒我们，既要能"入"又要能"出"，既应该深入历史上的陈例，同时还是要加入宏观的判断。

从上面两个例子可以看出："出"的部分比"入"的部分困难，前人所谓"运用之妙，存于一心"，或是劝人不要"死于句下"，都是要人既能"入"又能"出"的意思。一个读史的人,一方面要尽力弄清历史事实,同时要"凝神以御太虚",旷观整体情势之变化,以及史例在某个特定的情境或脉络中应该摆的位置,才能做一个比较恰当的运用。这里面没有定律,每一次"用史"都是一次全新的经验。所以从来没有人宣称饱读管理学即可以成为大企业家,饱读战史就可以称霸沙场,饱读政治史就一定成为了不起的政治人物。

三十多年前我在军队服义务役时,有一位熟悉战史的陆军少将偶尔找我聊天,他不止一次提到,兵学大师蒋百里经常提到日本的将领不照操典打仗,同时我们也谈到"学(守)正用奇"的道理。如今想来,龚自珍的"大出入"或许就是"学(守)正"用"奇"的一种相近的表述。

重访历史：寻找"执拗的低音"（与葛兆光对谈）

回到岔路还没有分的时候

王汎森：我把这次的讲座题目定为"执拗的低音"，所指的其实不只是底下我提到的那几个层面。演讲时，我在口头上提到"后见之明"作为一种历史思考方式所遇到的困难、提到历史解释中设想历史人物是处在"无限理性"状态的谬误、提到如何重新了解"风"，及这种史学思维可能给我们历史研究带来的新养分。其实还有更多的问题，比如在新史学中，"历史"与"意义"如何分道扬镳？它何以仍是一个挥之不去的老问题？不过，在这个对谈中，我想集中讨论我在演讲中提到的一两点：百年来，关于新旧文化的争论，大部分把"史实的重建"和"价值的判断"混在一起。新派人因为对旧派人思想价值的鄙弃，对他们的历史观点也一概否定。旧派也常常反过来做同样的事情。这一百年来，新派逐渐成为主流论述，旧派对于历史文化的看法，因为其思想保守而常常被连带地扫到历史的边缘，被否定或成为隐蔽的层面，但并不一定是不存在。我一向认为，同一时间的历史发展是由多个层次构成的，有些是主调，有些虽然存在，却成了执拗的低音。

这些"低音"需要"重访"。我想做的工作之一，是从问题遮蔽的那一面看主流与边缘的分叉点。现在日本地震导致核能危机后，很多人会想到，美国在 20 世纪 60 年代也曾经考虑用熔岩发电的方法解决能源问题。核能是物理的方法，熔岩是较偏化学的方法，60 年代就是那个分叉点。现在，慢慢有人想回到那个分叉点，看看究竟是出于什么样的考虑岔出去了，而选择了核能，并想了解熔岩是不是一条新的出路（有一些这方面的专家说，它并不是一条可行的路），这便是一种"重访"。

我举这个例子不是要取代主流，而是要丰富资源的多元性。那些旧的、纠结不开的新旧文化之争，已经随着时代而新陈代谢掉了。我们是到了可以重访的时候，这工作可能会丰富我们对历史文化的思维。维科的《新科学》是在笛卡尔的思想大行其事的时候，花了二十多年的时间去了解古希腊。但是，我要强调这不意味着排斥向现代西方汲取资源。西方的东西，常常能够帮助我们好好了解古代历史，而不一定跟我们重建古代历史的目标互相排斥。李宗侗先生写了《中国古代社会新研》，还翻译了《希腊罗马古代社会史》，先不论他说的对不对。但他引用希腊罗马社会"家火"的观念来解释中国古代社会,开了一个新的面向。如果没有对古希腊城邦的深入了解,他就看不见中国古代史中的那一面。

所以我们应把西方历史个案化,再普遍化,把中国的历史文化也个案化,再普遍化。以前都是西方普遍化,中国个案化。现在有一种极端,要把中国普遍化,西方个案化。这样都不对,两个都要个案化,再试着普遍化。在交复的过程中,得到新的理解。

葛兆光:汎森兄这次在复旦大学讲"执拗的低音",重点是针对晚清民初思想和学术史,倡导回到岔路还没有分的起点。所以可以称为"重访历史"。以前,老辈会教导我们说,前途多歧路。如果走了一段,你还是没有把握走得对不对时,一个最简单的方法,就是退回去,回到岔路还没有分的时候,重新去寻找前途。所以,我以为汎森兄这次讲的重点,在于"发潜德之幽光",就是发掘被遮蔽的、被边缘的、被忽略的、被西化大潮所淹没的、被搁置下来的东西。他关注的重点,与我关注的重点虽然也有稍微不一样的地方,但也有交叉的地方。其实,重新发掘传统被忽略、被遮蔽的东西,常常是变化的前提,特别是,在中国这种常常"以复古为革新"的环境里,人们每次要往前走的时候,都会习惯地往后看一下。因为传统不是直接作用于我们的。传统的意义就像一个大仓库,当我们遇到新问题的时候,总是要在这个仓库里面找些什么,然而究竟找什么，实际上是受我们的当下情境所诱发的。传统资源作为历史记忆放在那里，有的会被不断提醒并记忆起来，有的则可能被放在幽暗的地方，一时想不起来，这是很正常的。我们每次走的时候，都会选择传统资源，进行新的解释。汎森兄现在重新发掘出来的历史资源，也是要经过他重新解释的。也许那些旧的历史资源，原本并没有那么明确的意识，也没有那么系统的论述，甚至也不具备在新框架下能够整合成新资源的条件。但是，在新情境刺激下，是会拿出来重新解释的。

历史在不断被重写的时候，肯定要发掘一些旧资源，问题是旧资源在哪里？汎森兄更多地注意到的是发掘晚清到民国初年那些仍然希望在传统的延长线上，能够坚持原来的立场、方式、概念、工具以及论述策略的史家和史论。我不久前为新发现的清人詹鸣铎的《我之小史》写过一篇序。詹鸣铎是个徽商，他用小说体写了个自传。他是个与时俱进的人。在中国有很多这样与时俱进的边缘人，站在边缘想进入主流立场。一方面保持传统的生活方式，比如喝花酒、参加科举考试，但是新的东西来了，又赶快去拥抱。晚清民初，实际上是这一批人在造时势，这批人当然不能称为英雄，但是，他们不断地从边缘进入中央。这是一大群人，他们配合了激进思潮，不断加速度地把思潮往前推进。但是，我觉得汎森兄更注意的是那些没有随着时代往前走，但在今天依然可以作为新资源来看待的东西。

王汎森：愈接近历史上某一个时代的记录，未必就比后代史家更能展现当时的历史情状。旧派人未必就比较了解历史的"正形"——这里是借用傅斯年的话，傅先生在一篇名为《赤符论》的未刊稿中提到希望了解古代各种学说的"正形"。当然，完全真实的"正形"，恐怕是永远找不到的。旧派有可能因为太受仁义道德或"圣道王功"的影响而被严重地遮蔽。但他们对历史文化的理解即使不全是对的，却可以提醒我们所未曾把握到的或压抑、忽略的层面，甚至提醒我们百年来流行的新见有可能走错了方向。在经过"重访"之后，可能对所谓历史的"正形"得到新解。

葛兆光：这就好比我们原来只看到红颜色，可是现在发现，还有绿颜色或其他颜色，我们应该把各种颜色找出来。顺便说一句，我和汎森兄略有区别的地方是，我的兴趣是在主流思想背后，发现有一点像在丹纳《艺术哲学》里说的那种"嗡嗡"的背景音乐。这个背景音乐跟主旋律是吻合的，使主旋律越来越强。比如刚才说到的《我之小史》的作者，虽然不起眼，但其实就是主流的、激进的、随着时代潮流与时俱进的思潮中"嗡嗡"的背景。不了解背景，就无法说明主旋律何以成为主旋律，这就更像汎森兄说的弥漫的"风"。我和汎森兄可能侧重点不同，但共同点就是，不要只关注主旋律。

王汎森：法国年鉴学派对心态史的研究特别有心得："心态史"就是恺撒和他的士兵共同分享的嗡嗡声。是胡适的，也是詹鸣铎的。

创造性地转换与创造性地消耗

葛兆光：很多人看到的，是已经被"后见之明"条理化、整编化了的东西。研究文学史的人会注意到选本塑造文学史的过程。日本学者、美国学者也注意到，明代中期、晚期的思想史，为什么都集中于江南，为什么都是以儒家为中心的那一块。明代中后期，政治文化的中心无疑是在北京，可是那一时期北京的思想史却是一个空白，基本没有太多的论述。为什么会产生这个情况？而且，我们也会忽略，明代初期其实是造成明代中后期思想的最强大背景，说明不了明代前期，就说明不了明代中后期，可是，为了说明明代前期，又必须跟元代，甚至更早的宋代联系在一起。宋代的理学思想，如果没有明代初期被制度化、法律化，强行推行成风俗，没有非常强地把它变成一个大家都接受的常识，宋代理学的影响就不会是这样，明代中后期也不会出现那么急切地要改变的心情和愿望。所以，我们常常要讲思想文化史经常忽略的焦点之外的东西。就像看东西，聚光灯打到哪里，哪里就亮，就被注视，而其他地方往往就被遮蔽在黑暗之中。汎森兄希望把聚光灯变大一点，不是说聚光灯就不要了。比如,晚清民初这一段,我曾经比较关心佛教,佛教在当时是很大的声音,只是后来被压抑了。正如汎森兄说的,我们要回到起点,去重写历史,看看什么被"创造性地消耗"掉了。

王汎森:Leo Strauss 觉得 18 世纪以来,西方受到科学主义与历史主义的影响,忽略了古希腊、罗马文本的许多深义。如果做历史研究,创造转化本身的"消耗"就很大。当我们回过去看,会发现有些东西没有被表述和彰显,有些东西慢慢成为低音。Pierre Hadot 的 *Philosophy as a Way of Life* 认为,现代人对古希腊哲学的研究,其实加上了太多现代的框架,经过几度抽离,那些带有生命实践的部分被抽离了。经过 Pierre Hadot 重访之后,更能把握其精微的复杂性。就像维科摆脱笛卡尔思维的影响,发现了古希腊很多后人感到陌生的东西一样。

葛兆光:西洋传来的新东西,不可一概而论,有时候它会遮蔽我们的传统资源,有时候它也会发掘我们的传统资源。比如说"资本主义萌芽",看起来完全是照套欧洲历史。但是,它一方面又发掘了很多历史资料,比如在这个聚光灯下,一大批原来不被注意的史料,诸如契约、文书、乡村的东西,开始被发掘出来。另一方面是遮蔽了很多历史现象,把很多旧时代的历史资料给压抑或者消耗掉了,让我们只注意到江南、城市、商业,但是那些后世看来不能"与时俱进"的地区、现象、历史就被忽略了。

王汎森：我是从历史学的角度来讲"消耗性转换"的，林毓生先生讲"创造性转化"是针对现实而言，那是毫无疑问的。梁启超说："学案者，学史也。"就把生命的哲学转化成为学术史。这个说法当时风靡一时，被认为是对学案的新看法。可是，现在回想起来，如果把观照生命的部分从宋明理学里去掉，其实是"消耗性地转换"。很多东西都看不见了，只是在那里寻求抽象的理论。比如经过古史辨运动之后，出现了疑古、信古、释古三派。如果没有经过激烈的疑古，恐怕释古、考古都不可能出现，不会注意到要先把先秦材料提起来抖一抖，再放下来重估其价值。没有经过一番震荡，不可能平情地"释古"、"考古"。现在很多人又走回到信古，那也不是我的态度。我的意见是要"重访"，但不是要不经研究地复古，而是重新了解它的"正形"。我的理解是人们往往要经过几度的"自我坎陷"（借用牟宗三的话）之后，才能重新去掌握历史文化的"正形"。

比如古代人与人、物与物的关系，不是简单的一对一的、界面清晰的联系，可能是一种类似于"泰山崩而洛钟应"的关系。如果要掌握这个向度，我们必须要掌握一套够深度的词汇来说明它们。可是现在还没有发展出精细的词汇来描述。

葛兆光：这是两个层次，一个是回到过去就停在过去，那是不可以的。另一个层次是从新的角度去重访。百家往而不返,道术已为天下裂。历史学家的努力,是重访天下裂的时代,但是,古代是不可能重复的。新儒家的问题就在这里,他们把价值和事实混合起来。

王汎森:我们要考虑如何像陈寅恪说的"与立说之古人处于同一境界"。我认为重访"执拗的低音",是在积贮多种的资源,以便尽可能地做到"与立说之古人处于同一境界"。是"资源"不是"答案","资源"是资源库中的东西,是供选用的,而不一定是一个新的答案。就像我住在这个饭店,不必从一号房间开始住,下次住二号,再下次住三号,没有必要。我们求索古代资源为今天所用的时候,没有必要从一号开始一个个排下来。

葛兆光:资源并没有限定必须拿哪一个,可以有选择性地拿。就像一个大仓库,里面什么都有。我们拿来以后做新的解释。旧资源就变成新资源,旧传统就变成新传统。

王汎森:我一直在了解各种西方的理论。就像我以前练字,在各种不同的字帖上下功夫,并不是只学一家。在熟悉字帖所有的笔画之后,再写字就具备了最大的发挥能力,就能调动所有的资源。如果我想写一幅字表现悲凉的感情,我不是写一个"悲"字;我要表现禅意,不是写一个"禅"字,而是在笔画、构思中运用各种表现方法,去表现这种境界。所以如果我们想"与古人处于同一个境界",需要的资源非常多,能把一个历史现象非常准确地描述出来，所要具备的素养很多。维科就是要在笛卡尔对数理和自然的描述方式的笼罩下，寻找被遮蔽的人的复杂特质。

葛兆光：每一次学术典范的转化，就是福柯说的一再重新回到起点。如果不回到起点，整体性的论述是不会被颠覆掉的。汎森兄说的维科为了颠覆笛卡尔，必须回到笛卡尔之前去。

王汎森：维科为了了解在笛卡尔的著作遮蔽下的人的复杂性，就去了解古希腊罗马的状态。就像我们想了解古代人物的状态，很多东西必须要设法与他们处于同一境地，需要的资源太多了，但是，不能只靠着西方的理论去套，现在的学术研究则是对西方理论套得越漂亮越吸引人。

葛兆光：中国历次的革新都是以复古为革新，复古只是回到起点的手段而已。古文运动也是这个意思。

现代学术词汇的困境

王汎森：我越来越倾向于认为，中国历史文化中的许多情状，用现有的学术词汇很难加以比较完满的描述，而是需要重新摸索一套表述方式。比如我在演讲中提到对《汉书·艺文志》的认识。《汉书·艺文志》中说"诸子出于王官"，这个说法当然不可能全对，但是康有为、胡适认为这个说法全错。

葛兆光：余嘉锡的《古书通例》，一方面是要回到《汉书·艺文志》，另一方面是要回到《汉书·艺文志》之前。所以汎森兄讲的古人没有私人著述，余嘉锡这一脉都有这个共同的看法。

王汎森：诸子出于王官或不出于王官，涉及中国古代礼乐学说起源的大问题。《汉书·艺文志》说诸子出于王官，胡适说诸子不出于王官，而是为了对应时代的需求而起，柳诒徵却说何不以前者为"正因"，而以后者为"辅因"。这两者就像两种不同颜色的水，慢慢地渗在一起的共同作用，而不是固体形式的界限分明的样子。

葛兆光：当代的学术，如果回到起点看，有些来源、有些面向是我们过去不注意的。我举两个例子。一个是满族认同的例子。在很长时间的现代史论述里，觉得满汉问题是不存在的，可实际上还是有影响的。我在3月初的时候到日本京都，旁听了一个关于"满洲国"的会议，发现满汉问题不仅与那些感到压抑的遗老有关，还跟满族本身的论述有关。清末民初也是，如果回过头去仔细看，我们现在发现，自从康有为、梁启超、章太炎、黄侃、孙中山的建设新国家论述之后，我们都不太注意那些满族的文人大臣在想什么。其实，这些人是后来"满洲国"得以形成的重要因素。另一个例子，在我们的主流历史论述里，晚清民初是没有伊斯兰问题的。其实，不仅明清有很多伊斯兰的问题，在晚清民初，以及20世纪30年代的中国，包括北京,不仅有满汉问题,也有很多伊斯兰的问题,甚至伊斯兰的问题还会牵扯出日本的因素来。很多问题,如果考虑全景的社会史、思想史、文化史,都是存在的。

汎森兄关心的清末民初那些潜伏的、被压抑的、被忽略的那一段,如果通通再扫描一遍,各自安放在各自合适的位置的时候,会发现这个图像是非常复杂的,绝不是我们现在想象的那么简单。

王汎森:当然,这个图像是有主从轻重的。我一直在研究主流论述,这一部分的重要性当然不在话下。我绝不是说这些主流论述不要研究,而是说,我们也要注意到在大树下面树根的活动。

葛兆光:麻烦在于,当你要全面研究的话,有人也会把那些树根的部分放大,其实他们不知道,我们发掘嘈嘈的背景,是为了使主流部分得到有效的衬托和说明。被边缘的、被压抑的,是主流之外的,我们没有否认主流。

王汎森:主流与非主流的种种层次常同时叠压在一起,形成竞争状态,这里面还有很复杂、很精微的相互依存关系。主流保持主流的位置,是靠背景烘托的。因为我们习惯了主流的论述,所以没能用主流所能接受的语言来描述其他复杂的存在。我们对长在地上的树很了解,两棵树可以看来毫不相关,可是我们忘了下面的树根可能盘在一起了。

葛兆光:我和汎森兄都曾经借用过丸山真男的"执拗

的低音"这个话，不过仔细想想，其实我们三个人强调的重心不一样。丸山真男讲的是日本本土的文化，儒家经典、佛教、朱子之学等外来文化作为日本的主旋律，实际上，也不断被作为本土文化的"执拗的低音"修正。而汛森兄强调的是在主流文化中，也许会忽略掉可以作为新资源的被压抑的东西。我强调的呢，是主流的声音是怎么样在嗡嗡的背景下被烘托出来。各自强调的面不同。

日本学者对我说的"执拗的低音"和"古层"的说法不很同意，他们说，日本的问题和中国的问题不一样，丸山真男强调的"执拗低音"和"古层"与我们理解的有差异。他们很强调这一点，日本文化的上层与下层是脱节的，可是上层因为是孤悬在上，士人阶层又没有科举的知识限制，主流思想传统也没有那么强悍和笼罩，所以，反而容易接受新思想，容易变，也容易被生活世界与社会风俗修正。比如上层虽然从朱子学到古学，从古学到国学，从国学到尊王攘夷，再转而兴起西洋之学，变化很大，可下层生活世界会固执地沿袭整个的观念、生活、风俗，外来文明再怎么来，也得顺应民众的生活状况。

王汛森：我记得周作人说，不要以为日本受中国的儒家文化的影响很大，在日本一些民俗活动的场合，看神轿乱闯的时候，日本本土的神秘东西就会凸显出来了。

葛兆光：周作人对日本还是很了解的。

王汛森：在新文化运动时代，很多人写文章，就用简单的话来代换。原来可能认为其中奥义有多少层，可是后人认为不必区分了，总是说"什么"就是"什么"，用简单的话来代换，这就是"消耗性转换"。原来可能有七八十种层次，后人不了解或认为不必要，就把它们转换掉了。

葛兆光：汎森兄说得很对。不过，我们现在有很多好的条件，可以看到更多的老旧期刊，有更多的资讯。这样，重访起点的时候就容易多了。比如，很多历史论述变成单一主线，与意识形态有很大的关系，因为意识形态必须塑造一个历史主线来支持其合法性。问题是，历史学家应该跟主流意识形态捣捣乱。主流意识形态希望大家都在前台看戏，傻瓜一样随着指挥棒同悲同喜。但历史学家老是要到后台捣乱，想看看忽悠我们的那些演员卸妆之后，究竟原来是什么样。历史学家有两种，一种是给意识形态以学理支持，这就把历史越来越塑造成一条主线、脉络；另一种历史学家会不断发掘被压抑的东西，瓦解意识形态的主线论述。所以，就看历史学家自己定位的责任感在哪里。

王汎森：我们对知识的了解、定义、诠释、范围，很多是跟着课本走的，不自觉的，就像突然一阵风吹来，全部脱离了古书原来的范围，转换成教科书中的新定义、新概念，此后大家承受而不自知，几乎不再意识到其中有一个很复杂的历史过程。

葛兆光：确实，教科书是形塑一个国家认同、民族历史最重要的东西。

王汎森：我弟弟是教师，几十年来提倡一个意见，就是把课本修好，这是所有国家教育工作最重要的任务。

葛兆光：其他国家所有最大牌的历史学家，都在做最基础的教材编写工作。布罗代尔就作过欧洲历史教科书。我们在强调通识读物、教科书重要，就是因为它在传达更广泛的、更加为大家接受的历史观念。

王汎森：白话文的风行，与它很快被当成国语不无关系。白话文原本还在争论中，后来变成国语，各地就开始国语讲习班，所有课本都是白话文，影响到今天。其实，历史文化是多调复奏的。我的同事告诉我，现在发现很多秦汉时期的墓葬并不符合儒家的精神，我说这是很正常的。儒家当然是秦汉时期的主流，很多人会呼应它、趋近它，那是理想上如此，但是，也有很多人事实上不如此办。中国历史上很少或几乎不曾有划一的时候。

葛兆光：现在大陆出土的早期资料非常多。但我感到略有遗憾的是，很多解释还是在原来的经典框架下继续的。其实，有了这么多新资料，可以把历史先归零，然后再把这些出土资料与传世文献当作平等的资料来看，这样就有可能对春秋战国以来的文化思想状况有新的认识。那个图像可能会与现在历史书本不太一样，当然，也必须注意两点：一是某些出土文献集中在某一地域，你就不能拿这个地域的当作全体思想世界；二是解释出土文献时不能被原来的经典文献的框架限制，不能先确定这个是儒家的，那个是墨家的。如果这样，你就会发现那个时代的思想，可能是一个很弥散的状态。

王汎森：我常常觉得历史中的行为、事物之间的关系，很难以我们目前的词汇与概念完整描述。譬如历史上两种文化交遇时的关系，常如两种不同颜色流质的互相晕染。可是现在好像没有足够的词汇可以状写。古代的历史、文化也是一样，其中有许多复杂的情状，恐怕不是我们现代的学术语言所能充分表述（更何况，我们所使用的许多学术语言是从日本或西洋次第借来的新词汇）。

葛兆光：说得很好，历史学家是较少感性的，汎森兄是其中少有的重视感性的学者。有时候，感性地思考问题、描述历史，反而能够把原来切成条条块块的历史打散，回到原来的接近历史的现场。

（黄晓峰整理）

天才为何总是成群地来

最近我应邀到高雄中山大学做一场大规模的通识教育讲座，我粗定的讲题是《为什么天才总是成群地来？——漫谈学术环境的营造》。在演讲中我提到：我们太注重线性的、纵向式的传习与听受，往往忽略横向的、从侧面撞进来的资源，事实上这两者缺一不可，应该交叉循环为用。

我想从几个事件说起。几年前我与一位留学英国的政治思想史学者谈到，我读英国近代几位人文学大师的传记时，发现他们并不都是"谁能书阁下，白首太玄经"，而是有参加不完的社交或宴会，为什么还能取得如此高的成就？我的朋友说，他们做学问是一齐做的，一群人把一个人的学问功夫"顶"上去；在无尽的谈论中，一个人从一群人中开发思路与知识，其功效往往是"四两拨千斤式的"。而我们知道，许多重大的学术推进，就是由四两拨千斤式的一"拨"而来。最近我与一位数学家谈话，他也同意在数学中，最关键性的创获也往往是来自这一"拨"。

我所说的成日社交宴会的英国思想家中，即有以赛亚·柏林（Isaiah Berlin，1909 – 1997）。他曾经很谦虚地提到自己的思想其实总是停留在相当浅的层次，但是如果我的记忆没错，曾经有人说，如果有一天人类要派一位最有智慧的人与外星人谈话，那就非柏林莫属了。柏林有一本八九十页的小册子《刺猬与狐狸》（The Hedgehog and the Fox：An Essay on Tolstoy's View of History，1953），在他的所有著作中传诵最远。

有一本柏林的传记说，当时英国颇有人担心过度频繁的社交生活会影响到他的学问，但实际上那常常是他萌生新想法的场合。有一次他与牛津巴利奥学院的古典学家谈论古昔才子的类型时，这位学者告诉他古希腊诗人阿尔齐洛科斯（Archilochus）有一段残句："狐狸知道许多事情，而刺猬只知道一件大事（The fox knows many things, but the hedgehog knows one big thing）。"后来柏林研究托尔斯泰的历史观，发现作为小说家的托尔斯泰，有细微描写人类生活的天才，可是他又像刺猬一样，希望找出一种包罗万象的理论。柏林偶然发现"刺猬"与"狐狸"正好可以用来形容托尔斯泰作品所呈现的两歧性。柏林的长文原先以《托尔斯泰的历史怀疑议》发表在牛津的《斯拉夫评论》上，不大引人注意。不久则在书商建议下以《刺猬与狐狸》为标题印成小书，立刻传诵千里，直至今天。

在谈论中激发火花的例子，在19～20世纪的西方简直是不可胜数。19世纪末欧洲思想之都维也纳正是"天才成群地来"的地方，维也纳城大量的咖啡馆成为繁星的养成之所，往往体现了一群人如何把一个人的学问及思想境界往上"顶"的实况。当时维也纳的小咖啡馆，点一杯咖啡可以坐一天，甚至信件可以寄到咖啡馆，晚礼服也可以寄放在那里。譬如维也纳的 Café Griensteidl 咖啡馆就有包括茨威格（Stefan Zweig，《一个陌生女人的来信》的作者）在内的大人物们。

19世纪俄国文学的发展及其巨大的政治社会影响，与以别林斯基（V. G. Belinsky）为中心的文艺圈子是分不开的。我对20世纪初海德堡城中韦伯（Max Weber，1864 - 1920）家的"周末派"（Weber Circle）——一群具有高度创造力的人在一起谈论——也感到印象深刻。后来韦伯的一个学生移民到美国密歇根大学教书，而留给我们一份相当生动的记载。"周末派"中出了各式各样的大学者（像卢卡奇，György Lukács），甚至还有一位后来的德国总统。

再回到维也纳。林毓生先生说，1920～1930年代，维也纳之所以造就了那么多杰出的社会科学家，与米塞斯（Ludwig von Mises）的私人讨论会密切相关。当时米塞斯不是大学教授，而是奥地利财政部的一名商务顾问，那一群围绕在他旁边读书讨论的人中就有哈耶克、Eric Voegelin 等大师。

综合这些"一群人把一个人往上顶"的事例，我有一种感触。凡是一个学派最有活力、最具创造性时，一定是一群人不但做着"白首太玄经"的工作，同时不拘形式地围绕着一两个中心人物自由地交流、对话。龚自珍《释风》篇中说，"风"是"万狀而无狀，万形而无形"，也可以用来说明一种学风的形成。"风"的形成不只是老师对学生纵向的讲授，而是有"纵"有"横"，有"传习"而得，也有来自四面八方不期而遇的吉光片羽。那些不经意的一句话，对深陷局中、全力"参话头"而充满"疑情"的人而言，可能正是"四两拨千斤"的一"拨"。

2000年代初，我因为特殊机缘，有机会参与许多研究计划的审查，我觉得各种审查会中有两种气氛隐隐然在竞争着。一种认为申请计划的计划书中所写的，应该与后来的研究成果相符合。另一种观念则认为如果做出来的成果皆在计划书的预测中，这种研究的突破性大概不会太多。我个人所取的态度是"因其已知，发现未知"，如果期待一切皆是原先所未曾设想到的，未免太不可能；但是许多重大突破又是在计划之外的。线性的推进很要紧，但是从旁边撞进来的东西，也不能小看。历史上许多"无用之用，是为大用"的发明（如X光），也不一定是从纵向的、线性的推衍所产生的结果，往往是纵横交叉，与自己原先的构思方案不经意碰撞、引会的产物。我愿意把这一点提出来，以供有意营造富有创造力的学术环境者参考。

（原载《南方周末》2008年12月13日）

人文的优先性

最近几年我常常需要针对台湾各大学人文领域的发展提出建言，但是，我能说的话其实非常有限，往往说过一两次就觉得语塞。我最常提到的几点是，要给在大学里的人：第一，有懒散的空间；第二，有取之不尽的图书资源（不管是本身的收藏、馆际互借还是数字资料）；第三，要有好学者或大师；第四，要有充分的交流、阅读或讨论的风气；第五，要有一种"劲"，或是内在动力。我过去一度认为《新教伦理与资本主义精神》中似乎在说一种可以称为"心原力"或 ethos 的东西，可以具体化为"劲"。但是近年来，我已经注意到"劲"固然要紧，可是政策工具也非常重要。

在这篇文章中，我想谈的不是上述问题，而是另一个现象。在大学中弥漫着一种风气，希望人文与科技尽量结合。对于这一点我并无异见，譬如在一个计算机研究非常出色的学校，它的艺术系如果能用心发展计算机艺术，并突出成为一个特色，或是在法律方面发展科技法律，在管理方面发展科技管理，确实顺理成章。而且我个人也深切了解现代科技所造成的掀天揭地的变化，已经大幅改变了"人文"的地景，逼迫人文学者进行深刻反思。

但是我对一种似是而非的论调却不无疑问——在这种环境之下，人文学科的主要发展目标是与科技结合。人文与科技之间能水到渠成地结合最好，但是那不是人文的唯一目标。

人文强调人之所以为人的一些基本的东西，如人的主体性及人的尊严、人之道德修养及各个方面自我提升或自我完善的自信与能力，以及人如何增进生命的丰富性等。近代的物质文明，追根究底也是为了丰富人的生命而产生的，怎么发展到现在变成好像是人文必须要尽可能与科技结合才获得其意义？而且我们可以想象，如果把人文与科技过度绑在一起，那么如果有一天某方面的"科技"出了问题，"人文"的部分该怎么办？

事实上人文常常是引导、刺激科技发展的重要驱动力，人类历史上许多有创新性的探索是人文的兴趣与要求促动的。譬如在数字典藏、地理信息系统（GIS）的技术发展中，有许多最新、最尖端的发展是为了解决人文方面所提出的要求。以统计学为例，过去总是根据假设模拟，但目前统计学有一个趋势，是对研究实际问题感兴趣；而社会学领域中所进行的大型社会网络研究，透过实际、大量的样本发现人的联结方式的一些非常有趣的现象，给物理、统计学者很多新的刺激。

人文与创造力之间也有密切的关系。我很喜欢阅读席勒的诗："通过美的晨门，我们进入真的领域。"席勒可能是说艺术（如诗歌、戏剧）的经验更能用来唤醒人们，使其意识到自己的道德本性。但我主观认为这首诗也有另一面的意义，即通过"美"，也可能更方便地进入创造崭新知识（真）的领域。

我个人反对单纯要求人文与科技结合，或是向科技靠拢，以便取得愈来愈相似的面目；而是认为人文的一个重要目标是要不断地问人之所以为人，如何丰富人类的精神生命，以及"人文"究竟是什么这些重大的问题。这是对科技时代人类心灵最大的滋养，也是对科学创发的重要助力。

套一句日常用语"科技始终来自人性"，我相信没有人文素养或违逆人文要求的新科技终究行之不远。即使考虑到产业，凡是涉及市场、涉及消费的部分都与人文社会方面的内涵有关，包括"脸书"（Facebook）在内的许多新发展，背后都有强大的人文需求。如果对某个地方的历史传统、美感、社会心理了解不深，就很难把商品销售到那些地方。如果对美没有感觉，在许多高度竞争性的商品世界中（如手机），就不可能赢得市场。台湾在高科技的生产制造方面虽然傲视全世界，但凡涉及通路、市场、品牌这些方面就拱手让人，也是因为对西方或其他地区的人文社会把握不够深入，没有能力或信心进入这个高附加价值的领域。

总之，人文与科技互为主体，应该处于对话性的关系，而不是任何一方的附属品。

(原载《南方周末》2010年3月4日)

重构人文价值与多元文化

我是历史学者,研究的都是近代以前的东西,想象的都是古人的世界,比较没有持续专注地观察当代社会。以下只就个人初步的想法,继金(耀基)校长对整体文化的宏观架构后,针对台湾当代的问题做一些讨论。

不断重述的必要

现在的世界变化非常快,很多事情都要 reformulate (重新论述)。综观百年来有关文化大论述的各种文章,我发现过去谈这个问题是比较容易的,现在却变得很难。譬如过去很多人用历史阶段论来谈文化问题,清楚地论述这个阶段应该如何,下个阶段又应该如何,答案非常清楚。以德国为例,费希特在《告德意志国民书》中断然说德意志已经过了第三个阶段,即恶贯满盈的阶段,正在转入第四个阶段,即理性科学的阶段,好像很清楚知道每一阶段相应的文化是什么,下一阶段又应该是什么。在过去几十年,也有不少人说"历史的方向"就在那里,我们应紧紧把握住时代的潮流。但是今天谈文化问题就没有这么轻松，没有固定的框架，基本上这是个不要中心的时代，谈文化时不能像以前那样，"火车开动了，跳上去跟着走就行"。现在走向不明，必须重新构思文化走向。

此外，二三十年前谈文化问题时，大家关心的不外是自由、民主、法治、科学与中国传统文化之间尴尬的关系。围绕着的议题是在中国传统文化的基础上能否开出民主与科学，民主、科学与中国传统文化能否兼容，中西文化可以结合到什么程度。现在的文化问题却已渐渐脱离这个范畴。福柯曾说思想有一个"射程"，而现在台湾的文化基本上已渐渐离开五四所设定的"射程"，民主、法治、科学已经建立了一定基础，也就是说五四的目标被部分达成了，所以今天再谈文化问题就不能假设过去几十年在民主、法治、科学方面的种种成绩没有发生过一样。

诚如金校长所说的民主虽已完成，但并不完美，民主可能会变成菲律宾式的民主，科学可能变成科学主义，经学的没落可能带来世俗化与价值意义的丧失。然而，我们不得不承认民主、科学与世俗化三者在台湾社会皆已有相当程度的发展，谈当今的文化问题时，不能假装它们从没发生过。解除戒严、废除违警罚法、废除出版法、政党轮替等，都在1990年代到2000年代间完成。只不过台湾在民主自由方面虽有一些成绩，科技也有一定的基础，并自主推动了各式各样民主政治价值，但大家还是觉得不足，总觉得有"仓皇无适"之感。我们必须在这一前提下，再来追究当今的文化问题。

既然谈论当前问题时，不能假装前述几方面毫无进展，那么我要说的第一点便是台湾正面临必须塑造自己文化的时刻。二三十年前谈文化问题，通常把美国、日本、欧洲国家的发展情境、模式稍加调整，就是一篇好文章了。在西方的架构下，速度快，成本低。然而现在台湾在各方面的发展也有些成绩，快要没东西可抄，而且照抄也没有市场了。更何况，现在西方问题也很多，以前台湾只要能跟随，现在更要能开创。所以台湾面临的第一个文化问题，就是自己发展创新很不容易。

台湾过去基本上走的是"速度文化"。在全球化之下如何形成一个有创造、有美感、有特色的在地文化，变得非常重要。一方面不可能自外于全球化，一方面要保留自己的文化主体性，甚至如果够好的话，还要推广成为世界共享的一部分。此外，要有特色，不能人云亦云，和人家一模一样，或仅追求速度上比人家快一点、成本少一点，这也是台湾文化惯于走快捷方式、无法突破困境的积弊。因为几十年来的特色只是"速度文化"，所以忽略了发展其他文化特色的可能。譬如说，如果手机或其他产品带有人文、情感、价值、在地特色的话，或许卖得更好，为何走来走去仍只有提高速度及降低生产成本这一条路呢？

惶惶惑惑的台湾文化氛围

现在让我们来谈谈台湾人文基础不够丰厚的问题。金校长提到大学里面只传授"真",没传授"善"、"美"。我有一个观察,西方在 19 世纪末 20 世纪初产生了一种价值中立化的潮流,如高等教育机构慢慢也避免牵涉价值层面的议题,而趋于中立化,就像大学中的教堂原本是要给你一些德性陶冶的,现在没有了。同样的,1920 年代以来,整个中国学术文化也有类似发展。这个演变的背景就是 1940 年代哲学家贺麟所讲的近代中国文化中的一股"非人格化"(depersonalization)趋势。他指的是在近代学术文化中,价值与人格的层面被摆放一旁的奇特现象。傅斯年任台大校长时,曾规定大家读《孟子》,这是他晚年很大的一个改变。在我二十多年前写的一本有关傅斯年的英文书中提到,傅斯年曾有很长一段时间隐然认为"真"本身就涵盖"善"和"美",包括胡适之也有这样的想法。但傅斯年晚年在台大当校长时,把《孟子》定为必修,这个转变就是希望大学教育要注重价值层面,对抗前述价值中立化、非人格化的趋势。经过了大半个世纪,今天的情形依旧如此。虽然台湾现在的学术研究水平,无论在自然科学还是人文社会科学方面都较以往进步许多,但在价值面向没有任何着墨,不只在大学,整个社会本身也是如此。

提到与世界同步的文化问题，我注意到台湾正在三组价值的矛盾中惶惑而不知所从。一是要开发还是要永续？二是要资本主义还是要公平正义？三是我们究竟要以国家的主人自居，用力推动办事，还是要以国家的客人自居，认为只要循着社会制度，事情自然会往前走？现今许多争议都和这三个问题有关，整个社会总是在这三个矛盾里面反复纠缠折磨，找不到一个大家接受的共识，也走不出一条新的道路，在吵闹不堪之后往往随便将就。其实不只台湾，许多地方也面临同样的问题，这虽是社会"惶惑无主"的现象，但也是文化问题。

人文优先的多元文化

要谈的问题很多，有几样事情可以优先考虑。第一，台湾需要塑造一个多元包容的文化。这个"包容"所指很广泛，包括包容不同意见、不同出身、同情的理解，等等。在这里要举个例子，在19世纪欧洲国家大多排斥犹太人之际，英国在1880年任命了一位犹太后裔首相迪斯雷利，足见当时英国文化对多元差异性有足够的包容。多元当然会带来许多不便与不协调，但往往也是新意与创造的来源，若是多元的分子对整个文化产生了归属感，多元本身就是创新的基础。因此文化要有相当的容忍、包容性，使各种新的元素可以进来，成为养分。Google的创办人之一谢尔盖·布林（Sergey Mikhaylovich Brin）是六岁移民美国的俄罗斯后裔，

Google 的成功也印证了一个包容大度的文化气质的重要性。

第二，我们应该重视人文的优先性。我们都受自由、民主、科学很大的影响，科技的存在更带给我们很多便利，但如果注入文化特色，我们的科技可以有更好的发展。我们常常谈产业的通路，但是如果不懂别人的文化和风俗民情等人文层面的东西，要怎么卖东西给他们呢？更何况社会价值的根源就是人的精神与文化，人类如果过度被科技支配，则韦伯所说的工具理性就会过于强大。我注意到苹果的乔布斯也谈价值，今天若没有 iPhone，很多事情不能办，他的东西带来很多新价值，但我也观察到许多带来新价值的东西转眼间就又工具化了。因此，随时怀抱着人文的优先性，提醒我们时时反省人之所以为人的价值与根源，就变得非常重要。

第三，自由、民主、科学的台湾社会，在文化上又面临什么问题？那就是缺乏深厚的人文精神及文化基础的反思与价值建构。我记得 2008 年《思想》季刊上曾有几篇论文检讨台湾自由民主的发展，认为近代西方的自由民主在发展过程中，有愈来愈形式化的倾向，脱离了原先富有人文、精神意义的内容，也认为现在的自由民主变得只有框架和制度，形成一种窄化的现象。早期从亚里士多德以来的民主，基本上比较整全，具有强烈的伦理、德性、共善、精神、意义、价值等层面，但在当代，尤其是罗尔斯的《正义论》以来，自由民主慢慢变得只强调程序，而忽略了原有的丰厚文化内涵。我个人相当同意这样的反省。

我们知道，雅典的民主制度在伯里克利时代的光辉主要是植根于希腊文化，但到了后来，这个民主制度却变成韦伯笔下一群哗众取宠的街头煽动家的天下，最重要的原因就是它失去了丰厚的文化基础。中国原来的传统中，谈"政风"一定要同时谈"学风"（如熊十力），我觉得也是这个意思。自由民主在台湾发展相当快速，但缺乏精神的资源及人文的基础。运用制度的是人，该如何用我们特有的文化语言重新阐述自由民主，使它成为大家都可以相信、接受，并且把积极寻求共识、共信内化为个人修养气度的一部分，这是台湾当代人文最重要的议题。

目前台湾在科技之下相应的人文、文化基础不够深厚，工具理性当道，价值理性、人文精神却没有相对的资源。大家随意选择，好像"自由"到最后只是一个"选择"，可是基于什么来"选择"呢？加拿大哲学家查尔斯·泰勒就指出，自由不仅仅是选择对象多寡，而且在价值层次应该去选择和良善生活相关的选项。这是人作为一种追求意义、追求价值行动者必须完成的天职。亚当·斯密也说"看不见的手"必须建立在众多惯例和共识上。制度不会自己往前走，还需要丰厚的文化基础。所以不管是现代科技文明下的文化基础，还是民主法治下的人文基础，都是台湾当前面临的重要议题。

此外，台湾应该重新塑造社会的主流价值观，摆脱"拜金主义"、"消费主义"、"发展主义"的束缚。金校长刚才提到，以前的"善"是由"主义"来涵括、照管，我完全同意。有很长一段时间人们是托庇在主义之下，但主义时代已经过去了。我们应探索在这个时代主流价值如何形成，又该怎样建立一个有主体信心的文化。

建立合理的现代社会

台湾社会应致力于引导青年建立健全的人生观及社会理想，这是个问题，更是个课题。傅斯年在五四时期就说过中国人老早已经没有家庭教育了，我觉得现在更没有了，因为现在这些价值观浮动非常快，对价值的层面和人文的层面缺乏应有的关注。

21世纪是一个去中心化的时代，在这个气氛下几乎不欢迎任何宏大的叙述，但我仍认为台湾应该有一个具挑战性的文化目标——在建立一个"合理的现代社会"的前提下，充分吸收各种文化的长处，尝试摆脱"跟随者"的旧角色，走出自己的路。

台湾本来就是拥有多元文化的地方，具备丰厚的中国传统文化及台湾两三百年来发展的历史文化，至于西方文化，更早已和我们的生活结合得难分难解。单纯地延续中国传统文化或单纯地沿袭西方文化，好像都不完全贴近这个世代，然而传统文化在经过新的诠释之后安放在一个具备自由民主体制的现代社会中，却可提供非常丰厚的养分。我们应该在建立"合理的现代社会"这个大目标下，发挥气魄与胸襟去思考台湾的文化问题。"合理"包括的层面很多，如不能不理性、不能没有具有尊严的基本生活条件、不能没有自由民主、不能没有深厚的文化资源等。

最后让我改写一个日本禅师的隐喻作为结论：我们吸收各种文化资源，皆不过是敲门砖，是要敲开门，唤出其中的人来，此人即是我们自己。现代各种文化资源都是敲门砖，最后走出来的应该是我们自己的文化。

（原载《中国时报》"余纪忠文教基金会专辑"，2013年6月26日）

知识分子的没落?[*]

最近我注意到台湾有一个重要的文化现象,即知识分子文化似乎逐渐趋于没落。

一般而言,"知识分子"一词是从19世纪中期的俄国开始,而知识分子群体的出现大概是在19世纪末,尤其是在法国"德雷福斯上尉事件"的争论中逐步形成,但法国史学家勒高夫(Jacques Le Goff)认为早在西洋中古时代就已经有"知识分子"了。[①] 这里倒不是想针对这个争论做任何讨论,而是想说明"知识分子"作为一个独特的群体与理想,在经过一个半世纪的辉煌年代之后,现在已经有没落的倾向。

美国的雅各比(Russell Jacoby)于1987年出版了《最后的知识分子》(*The Last Intellectuals: American Culture in the Age of Academe*),波斯纳(Richard A. Posner)于

---

[*] 本文节自笔者为《面对公与义:余纪忠先生百岁纪念研讨会》一书所写的序。

[①] Peter Burke, *A Social History of Knowledge: From Gutenberg to Diderot*, Cambridge Press, 2000, pp. 18–19.

2001年出版了《公共知识分子》(*Public Intellectuals：A Study of Decline*)，这两本书在西方引起极大的回响，但是不知为什么，当时居然未引起我太大的兴趣。其中一个原因是我当时尚未察觉到台湾的知识分子文化有任何危机。然而最近两三年，我开始觉察到台湾的知识分子文化正处于没落中。

为了印证这个观察，我在今年6月初请同事上"联合知识库"查询，① 结果得到如下的数字："知识分子"一词在1951~1960年于该数据库中出现640次；1961~1970年出现1100次。它的高峰是1971~1980年（1910次）及1981~1990年（2590次）。所以1970~1990年这二十年是台湾"知识分子"一词出现频率最高的时代，此后的十年，1991~2000年比前十年少了1000多次（1525次）。而最近十年（2001~2010）又比前十年少了约500次，共有1019次。

我又进一步整理出2001~2010年这十年间的数字，发现2001~2006年"知识分子"出现的次数维持在100多次，可是从2007年开始由三位数变成两位数——2007年61次，2008年55次，2009年61次，到了2010年6月共有22次。同时，我也发现"公共知识分子"一词先前从

---

① "联合知识库"收录范围包括《联合报》、《经济日报》、《联合晚报》、《民生报》、《星报》、*Upaper*、美洲《世界日报》、《欧洲日报》，收录时间始于1951年。感谢陈亚宁替我查询，查询时间为2010年6月8日。

未出现过，2004年是第一次出现，仅有2次，2005年2次，2009年1次，2010年到6月为止则有2次。可见这个词的出现是过去五六年间的事，且出现频率颇低。

上面这个简单的统计，当然存在偏差的可能。但是它多少印证了我的直觉，即"知识分子"一词确实正在逐渐消失中。这个词的起落，蕴含了重大的历史意义，即一个以"知识分子"自许的阶层正在消失中。无独有偶，我在写这篇序的同时，注意到有两篇文章提出近似的观察。它们分别是洪裕宏的《台湾公众知识分子的末日》，刊登于今年6月号的《当代》（第140期），以及吴介民、范云、顾尔德主编的《秩序缤纷的年代——1990～2010》（2010年7月）一书中的郭力昕《公共知识分子的陨落？》一文。"知识分子"在近代中国有90年左右的荣景，没想到却在近年的台湾社会中逐渐消失了。

因为篇幅所限，无法在这里将我最近几个月对这个现象所做的初步研究做一个比较完整的陈述。不过我必须指出这是一件有重大意义及深远影响的变化。凡关心社会公义的朋友们都应屏息凝视，密切注意：如何复兴"知识分子"的使命？将来"知识分子"、"公共知识分子"的角色将由什么样的阶层来扮演？或是将来的社会根本不需要"知识分子"等一连串的问题。

（原载《南方周末》2010年12月23日）

文化多样性

从1986年Edward Osborne Wilson在美国首次举办的生物多样性论坛上的报告中提出"生物多样性"（Biodiversity）起，二十多年来，"生物多样性"已成了家喻户晓的观念。受到这个观念的影响，近年来我不断地与朋友谈"文化多样性"、"学术多样性"的重要。

英文维基百科上的一篇文章告诉我们，"生物多样性"有种种意想不到的好处，其中之一，它是物种的安全保护。1806年，爱尔兰马铃薯歉收，造成一百万人死亡，另一百万人移民。这次歉收是因为当时爱尔兰人只种两种马铃薯，而这两种马铃薯相当脆弱。

"生物多样性"不但提供安全保护，也提供优选库。为了对抗1970年代深深困扰印度稻田的草病毒问题，印度科学家从6273种稻子中找到了一种有抗病力的品种，将它与其他稻子混种，目前正广植到各地。[①] 如果生物多样性

[①] 〔美〕威廉·恩道尔：《粮食危机：运用粮食武器获取世界霸权》，赵刚、胡钰等译，知识产权出版社，2008。

消失，这种机会也就不存在了。

至于"文化多样性"及"学术多样性"——如果这世界只有一种文化，如果每一个城市中心地区的建筑物都是一个模样，那么我们的生活有什么意思？旅行要看些什么？"大同世界"之所以可贵，除了有大同之处外，还应该有着文化的多样性。如果能够保持文化多样性，那么如果有一天主流文化失灵，也还有其他有用的资源填补上去。

记得阿瑟·米勒（Arthur Asher Miller）有一篇短文，谈到近代资本主义与电影文化，大致是说在现代资本主义的威力下，好莱坞的电影以大卡司、大制作、大宣传、大资本席卷了所有市场，原先那些多样的、小成本的、艺术性浓厚，甚至带有实验色彩的电影，被挤到边缘，甚至消灭。我将这个现象解读为"艺术多样性"的消失。

文化如此，学术也碰到类似的问题。近年来全世界的学术界都在追问何以不再出现"大师"。对于这个现象可以有许多种解释。为了一种应有的谨慎，我只能说说我个人的想法：近代学术过度专业化，且研究议题过度主流化，而各种指标及影响系数又更加强了这种主流化的倾向。特别值得注意的是，近几年来连原先几个比较具有独立性的地区，如欧洲、日本，也被卷进这一个以美国为主的学术大流中而不自觉。全世界的学者们拼命往大流挤，就怕如果不往大流挤，自己的研究不能生存。而前述现象，恐怕与无大师的现象脱不开干系。

学术发展应该有明显集中的议题。世界知名的《科学》(Science) 在 2005 年该刊创办 125 周年时，拟出 25 个人类将来最应解决的学术问题。这一工作非常有意义，可以将资源与人力引到几个最关键的问题上进行攻坚。但是如果因此而抹煞了学术多样性，却是得不偿失的事。

几个月前，我参加一个欢迎 Stanley Cohen 教授的晚宴。我曾经在九年前一度与他同席，但并不认识他。然而我知道他在 1970 年代，因为开创基因重组的关键技术，把生物科技带进一个新的时代。当天晚宴，我问他何以未曾得到诺贝尔奖？他的回答是"你是今天第六个问这个问题的人"，"请到网络上看我的口述回忆"。我因为离这个行道太远，所以始终不曾上网看他的回忆。然而，在与他的学生谈论之后，我逐渐明白他之所以能够在那个时代有这个重大的学术创发，其中一个重要原因，便是他当时不在最主流的领域。Cohen 教授的弟子告诉我，在 1970 年代初期，最热门的是病毒等领域，而 Cohen 所做的是一个比较冷门的领域"细菌质体学"。在当时的学术条件之下，这个冷门领域，却反而比较有可能得到机会获得前述的突破。这个例子说明了一件事实，学术发展要能兼顾主流的集中及学术多样性两件事。

接着我还要再举一个类似的例子。我熟识一位世界知名的醣科学大师。据我所知，在化学的几个大领域中，醣很复杂、非常难研究，而且功能不清楚，所以是一个冷门的领域。这位世界知名的学者最近在一个演讲中提到，他在美国几十年，因为所做的是冷门的领域，所以碰到许多困难。譬如美国国立卫生研究院（NIH）的补助，几乎是所有生医研究的主要来源，而他在升任正教授之前却始终未能得到。所幸他曾获得"青年科学家总统奖"，加上其他资源的挹注，才得以支持醣科学方面的研究，并且成为世界知名的科学家。随着2006年人类基因定序的完成，人们对醣的作用有了更深刻的了解，醣变成一个非常热门的领域，而且潜力无限。这个例子又告诉我们学术多样性的重要。

在任何一个时代，当然要有几个主流的领域，以便集中人力与资源进行突破。但是，并不是所有重大的学术突破都是线性的，有许多是"旁行斜出"，或是在与别的领域、别的线索互相交流、引会时所得到的成果。

所以把所有的资源与注意力都放在一个时代最受瞩目、最主流的议题，并不是最好的理念，应该要部分集中，同时维持学术多样性。我一直怀疑2008年的金融危机之所以迅雷不及掩耳地到来，却极少有经济学家预见这个危机，与经济学发展的过度计量化、主流化、一元化，缺少学术多样性不无关系。

许多很有特色或很好用的东西，因为某种原因（有时候是质量，有时候是时髦，有时候是太贵，而有时候可能只是卖得太便宜等想都想不到的理由）被市场排挤到边缘，甚至消失得无影无踪，人们也忘了它们的存在。文化、学术、艺术也是一样。在"生物多样性"已经成为家喻户晓的观念的今天，我们不能不为文化、学术的多样性多说几句话。

（原载《南方周末》2011年1月27日）

书的危机

我一向认为,每一个时代的文明都是多元力量或多元价值竞逐的状态,这种竞逐有时激烈,有时宽缓,但是无论如何,每一个时代的文明都不会是单一的色调。在21世纪的今天,我感受到几股价值/力量正在激烈竞逐、拉扯中,而竞逐、拉扯的结果,将决定人类下个阶段的生命风格。前述这个多元竞逐的格局,正与数字时代的来临息息相关。

第一,人们透过网络世界,尤其是各式各样的社群媒体得以进入更大范围的生活圈(包括虚拟的生活圈),进行更频繁的接触,可是在加入一个更大的社群之后,往往疏离了实际生活中人与人的接触。第二,数字世界造就了知识的公共性,造福无限,可是这也使得原先需要经费来维持及推进这个公共性的机制产生危机。第三,极轻、极薄、无纸造成不可思议的方便性,但是也根本地挑战了千年来的书本文化(Book Culture)。

本文所要谈到的书的危机,可以分成两方面。其中一面与前述数字时代的挑战有关,另一面则是与人文学界"自然科学化"的倾向有关。

去年我读了 Anthony Grafton《书本的危机》(*Codex in Crisis*),他说:"自印刷术之后,计算机与网络对阅读造成的影响,没有任何科技可匹敌。"我原来期待他能对书本的危机提出一些看法,但是这本小书大多是在讲书本、图书馆与读者的历史,虽然也触及网络及电子书,但对我所关心的如何保卫"书的文化"着墨不多。"书的文化"与计算机及网络的文化是否一定是彼消我长、你死我活的关系,目前似乎还没有解答,但人类应努力设法使它们成为互补、伙伴的关系。

倒是第二个现象,我的了解比较亲切。公元 2000 年我开始担任台湾的"国家科学委员会"的人文处处长,我观察到一个令人惊讶的事实:台湾的人文社会科学正逐渐从"书的文化"转变成"论文的文化"。也就是说,在自然科学强大的笼罩之下,人文及社会科学正在模仿自然科学,开始以撰写单篇论文作为他们最主要的表现研究成绩的方式。当时我们采取了一个政策,由人文及社会科学中心每年用八百万新台币补助出版有审查的专书。有一次"国科会"副主委问我们这个数目够用吗?没想到一年下来,根本花费不到五分之一的预算。

人文社会科学领域中"论文文化"的压倒性胜利,表现为学术界普遍轻视或怀疑书的严谨性与贡献度,并狂热地追逐SSCI或其他有指针系统的学刊。学者的考绩与升等成绩表中倾向于把"期刊论文"放在最前面,而把"专书"放在比较次要的地位,或是仅仅当作"参考"。这是18、19世纪以来人文学科所从未经历过的变化,进一步促成了"书的文化"的萎缩。我知道这个现象在中国大陆还不成问题,可是在全世界大部分地方已经形成重大的危机。

两三年前参观一家报社时,负责人略带欣喜地宣布"无纸时代"的来临:将来的报纸不用印出来,极可能是每家墙上挂着一个大型阅读器,订阅的人每天会从阅读器收到报纸,然后在阅读器上看;当然如果有"好古成癖"者,仍可以自备纸张印出。听得我胆战心惊,使我心中几个美好图像逐渐模糊:普林斯顿市中心帕玛广场上那一尊少年阅报的塑像变得过时;美国有一则电视广告,一位每天早上起床第一件事是一面喝咖啡一面把报纸折成许多折的老人,也变成明日黄花。

当然,也有人宣示"无书年代"的来临,电子书的数量越来越多,而且电子书有无限的方便,一机在手,历览千古,不必像我弟弟,因为怕没书读,每天背着大量的书来来去去。甚至已有许多人谈到,将来图书馆的藏书将"云端化",则将来连到图书馆借书、看书,似乎可以省去。事实上,西方有些大学已经开始将图书馆改为"学习中心"(Learning Center)。

亚马逊书店(Amazon.com)的崛起则是更早的事了。

当我发现可以轻易地透过网络从美国买到我想要的书时，已经是亚马逊开店多年后的事了，而且我注意到书店创始人在普林斯顿读大学部时，几乎与我同时（我在博士班）。后来，台北有了博客来书店，不必逛书店也几乎可以买到任何的书。甚至我们过去所引以为乐的逛古典音乐的唱片或 CD 店，也慢慢地被 iTunes Store 或其他在线音乐商店取代。

数字化及网络化，正在改变我们的生活世界。它带来了无穷的便利，也带来无数的好处，可是，它也使得我们所熟悉的一些美好事物变得不再必要。但在"人之所以为人"的思考前提下，这些事物真的不再必要吗？这个问题引起我极大的注意，并且重新思考一些事情的方式及意义，包括阅报、读书、逛书店、上图书馆、买古典音乐CD。数字时代与它们的关系是"取代性"的还是"伙伴性"的？下一步如何发展，值得我们持续的观察。

真正的哈佛是看不见的哈佛

近来,台湾的高等教育正在发生一个重大的转变,但因为人们身在局中,所以对这个变化未能注意。

过去二十年,台湾的高等教育以追求学术卓越为主要目标,平情而论,这一波追求卓越的风潮成绩不差,但是也有一种缺点:全台一百五六十所大学都想追求学术卓越,都以撰写学术论文作为努力的目标,混淆了原先"大学"、"技职"、"师范"院校之间的分工,最后形成了"扰金银铜铁于一器"(《明儒学案》语)的局面。

在学界兴高采烈地拼了二十年之后,却碰上经济不景气,不但当局晕头转向,社会各界对学用落差的情形也至为不满,纷纷要求缩小学用落差,或是产学合作,或是斤斤计较于智财、技转的收入,俨然有将所有大学"技职院校化"的倾向。

最近在某一所知名大学的校务咨询委员会上,当校长为了寥寥六七千万元的技转收入讲得兴高采烈,台湾某位企业巨子马上发言反对,他说:"你们所讲的都是两三年内的事，作为一个大学有它长远的使命与社会意义，譬如为台湾社会培养领袖。"这位企业巨子所领导的公司大概几分钟就可以赚六七千万，所以他觉得倾全校之力拼这几千万，而忽略了大学的本质是得不偿失的。

面对这样的陈述，我通常苦笑以对，我正是反对把"创业创新"用来构想全大学的思维的人。经济学家熊彼得（Joseph Alois Schumpeter，1883－1950）有一句名言说"潮流正在转向（the tide is turning）"，在经济不景气的压迫下，全世界的高等教育都在转向，但我不认为在这里铁达尼号跳船式的解救是对的。在那场校务咨询会议中，我念了一段威廉·詹姆斯（William James，1842－1910）《真正的哈佛》中的几句话。

我对委员们说，除了《宗教经验的种种》一书外，我原来并不特别注意威廉·詹姆斯的著作。后来注意到傅斯年1947年在美国养病时，登报搜购所有詹姆斯的著作，才开始认真搜读。而这一篇《真正的哈佛》（1903）是一百多年前，威廉·詹姆斯在哈佛大学毕业典礼上的致辞。文中提到："思想是我们大学的珍贵种子。最值得人们合理仰慕的大学是因它的课程不拘一格，哺育如此丰富多样富有生命力的理想，亦给这些理想的价值的实现开阔了广阔的天地"，"孤独的思想者，最不会感到孤独，最能积极深入，和能产生最丰富思想的大学"。詹姆斯说："真正的教会永远是看不见的教会。"（我用的是中译本选集之翻译）

我扩大威廉·詹姆斯的这句话为"真正的哈佛永远是看不见的哈佛",不是技转的多少,不是成立几家公司,而是思想的陶冶或哺育丰富多样富有生命力的理想等看不见的东西。

在休息时,我对这位企业巨子表示,我们恐怕是少数派,没想到他的回答是"未必"。

我个人一向认为大学有它的本质与使命,而这就是威廉·詹姆斯前面描述的。大学的使命当然应该随着时代的变化而有所转化、有所扩大或添增。但转化、扩大、添增,并不必然要放弃它的本质与使命,也就是说"产业"或"创业创新"的任务,是可以"自然地"添加上去,但不必说整个大学的存在就是为了这个。这些年有许多高教领导者在想到文学院的出路时,总是兴奋地脱口而出:"文学院可以弄文创。"好像如果创造不了产值,文学院就失去存在的理由似的。

这是一种重大而可悲的误解。可惜文学院的人在学校一向居于弱势,只能笑笑随人摆布。我同意一位创业人翟本乔的意见:"大学是可以做某种程度的辅导创新创业的能力,但这本来不是大学该做的","台湾会有产学落差,不应该怪大学",那是高工、高职、专科技职体系要做的。"台湾会有产学落差最大的症结点是把技职体系砍掉。"(翟本乔:《抢救学用落差,应从小鼓励动手做》)技职体系之形成有它的历史背景与合理性,在过去台湾高教转型过程中，遗失了原来高教分工体系的设想，一窝蜂转成研究型大学的结果，就是出现了近年的问题，但现在又病急乱投医，要一窝蜂转成技职型大学。看来这两次转型，都合乎我在《执拗的低音》中所说的"消耗性转换"。

学术事业中的"政务官"与"事务官"

章太炎讲《清代学术之系统》时，说"盖学者亦如官吏中有'政务官'与'事务官'之别，戴氏（震）如政务官，其事务官之职务则后人为之担负也"。可惜他未进一步申论其义。

从一般辞书中可以查到"政务官"之定义为"凡须经政治会议议决任命之官吏"；承政务官之指挥，执行事务者，为事务官，如常务次长以下官吏皆是。政务官由政务任命，依例尽量不从事务官僚系统升上来。以我对台湾政情的了解，过去几十年一直有改革之士提倡严格区别事务官与政务官。也就是说，不鼓励常务次长先晋升为政务次长，然后升为部长。

坚持做这个区分的人认为：事务官是官僚机构中执行业务的主要力量、稳定力量，政务官由于不是由官僚内部逐级而上，往往是由政治家、学者、事业家来担任，所以可以避免窄狭的饾饤之见，视野比较宽阔，具有与各部会沟通及观照整个社会、国家的需求与动向的优点。而且因为他（她）们不是常任文官，所以可以随时为政策负责下台。但是，最近一二十年来，政务官更换频繁——更换"内阁"时可能下台，政策执行有闪失时可能下台，舆论不满时也可能下台，而下去之后又没有过去"党国体制"的重重照顾，因此，又有"高级打工"之称。

本文其实不是为了厘清"政务官"与"事务官"的区别，而是要借此说明学术工作中的两种角色。

章太炎心目中的"学术政务官"是要开启一个学术领域、一个学派、一种研究方向，提出一个学术框架，提出一种看待事物或思考的方式，阐明一种方法论，或提出有潜力的问题等，不一而足。然后有许多人跟著作进一步探索的工作，不管是逐步充实内容，还是在个别问题上做辨正或推翻的工作，而正反两面、各色各样的工作，都大致盘旋于同一个范畴逻辑之中，所以属于该政务官所治理的范围。故政务官不是解决了所有大小问题的人，从来也没听说过各部会的政务官亲身参与了该部会全部的工作。政务官制定政策、指示方向，至于事务官，也有官阶大小之分，小的或许帮忙解决一个问题，或用某一种地域性的材料验证一个理论之可行性，但是事务官也可能解决一个领域中非常具体的、大规模的、重要的工作。所以政务官是规划或开辟一片花园的人，事务官中有人做比较重要的工作——种植了大片的花草，有的只是在花团锦簇的园子旁加种几棵小花。

仅以西方经济学中的"传讯理论"("Signalling System")为例。1960年代加里·贝克（Gary Stanley Becker）提出人力资本理论，写了 Human Capital 一书，认为人力资本的投资有助于人力的提升及生产力的提升。但是很快就有另外的经济学家提出"传讯理论"，并不一定真的是高学历的人就有高本事，认为学历的高低只是用来"传讯"他的本事的大小而已。"传讯理论"是由"讯息不对称"理论推出的，此后许许多多经济学家（事务官）在这片花园上劳作，有的从公司征求人才来讨论"传讯理论"，有的从其他主题来验证这个理论，以至于"传讯理论"花繁叶茂、蔚为大国，它的开启者（政务官）获得了诺贝尔奖，而这里面最了不得的事务官，也与原创人合得了诺贝尔奖。

照这样的标准来看，在清代思想学术领域中，戴震、阮元当然是政务官，他们开启了许许多多新的方向或题目，许多人跟着他们做各种工作；在民国史学家中，陈寅恪是中古史的政务官，许许多多人在他的工作下面从事扩充、增建、修正的工作；在日本汉学界，内藤湖南是政务官，他提出"唐宋变革"，而过去几十年乃至今天，大大小小与"唐宋变革"有关的著作，有许多是事务官的工作。

那么，学者应该走哪一条路？我觉得应该两者互补，而且这两种发展都不能偏废。不管是过度在一枝一节上斤斤计较,还是只沉迷于空泛无当的大论,都不是健康而有生机的路。从历届得奖的模式来看,他(她)们大多是"政务官",或是"政务官"搭配着贡献最大的"事务官",就像 2014 年的医学奖,是由数十年前开启大脑内部定位系统研究的英国学者 John O'Keefe 领头,配以最近一二十年有重大推进之功的学生 May‑Britt Moser、Edvard I. Moser 夫妇,前一位是花园的开创者,后两位是植下大片花木,使得这个园子为世人所惊艳的人。缺少其中任何一端,这个领域都不可能得奖。不过,从现在华人学术界的整体发展看,这个天平的两端似乎有偏倚的现象,而且偏倚的情形还蛮严重,所以章太炎百年之前的说法,今天仍有参考的价值。

(原载《南方周末》2015 年 1 月 23 日)

如果让我重做一次研究生

这个题目我非常喜欢，因为这个题目，对大家多少都有实际的帮助。我觉得如果下次我必须再登台演讲，这个题目还可以再发挥一两次。我是台大历史研究所毕业的，所以我是台大历史研究所硕士，我的博士学位是在美国普林斯顿大学取得的。我想在座的各位有硕士、有博士，因此我以这两个阶段为主，把我的经验呈现给各位。

我从来不认为我是位有成就的学者，我也必须跟各位坦白，我为了要来做这场演讲，在所里碰到刚从美国读完博士回来的同事，因为他们刚离开博士生的阶段，比较有一些自己独特的想法，我就问他："如果你讲这个问题，准备要贡献什么？"结合了他们的意见，共同酝酿了今天的演讲内容，因此这里面不全是我一个人的观点。虽然我的硕士学位论文和博士学位论文都出版了，但不表示我就是成功的研究生，因为我也总还有其他方面仍是懵懵懂懂。我的硕士学位论文是二十年前时报出版公司出版的，我的博士学位论文是英国剑桥大学出版的。

你说有特别好吗？我不敢乱说。我今天只是综合一些经验，提供给大家参考。

一　研究生与大学生的区别

首先跟大家说明一下研究生和大学生的区别。大学生基本上是来接受学问、接受知识的，然而不管是硕士时期还是博士时期的研究，都应该准备开始制造新的知识。我们在美国得到博士学位时都会领到看不懂的毕业证书，在一个偶然的机会下，我问了一位懂拉丁文的人，上面的内容为何？他告诉我："里头写的是恭喜你对人类的知识有所创新，因此授予你这个学位。"在中国原本并没有博士、硕士的学历，但是在西方他们原来的用意是，恭贺你已经对人类普遍的知识有所创新，这个创新或大或小，都是对于普遍的知识有所贡献。这个创新不会因为你做本土与否而有所不同，所以第一个我们必须要很用心、很深刻地思考，大学生和研究生是不同的。

（一）选择自己的问题取向，学会创新

你一旦是研究生，就已经进入另一个阶段，不只是要完全乐在其中，更要从而接受各种有趣的知识，进入制造知识的阶段，也就是说你的论文应该有所创新。由接受知识到创造知识，是身为一个研究生最大的特色，不仅如此，还要体认自己不再是个容器，等着老师把某些东西倒

在茶杯里，而是要开始逐步发展和开发自己。作为研究生不再是对于各种新奇的课照单全收，而是要重视问题取向的安排，就是在硕士或博士的阶段里面，所有的精力、所有修课以及读的书里面都应该要有一个关注的焦点，而不能像大学那般漫无目标。大学生时代是因为你要尽量开创自己接受任何东西，但是到了硕士生和博士生，有一个最终的目的，就是要完成论文，那篇论文是你个人所有武功的总集合，所以这时候必须有问题取向地学习。

（二）尝试跨领域研究，主动学习

提出一个重要的问题，跨越一个重要的领域，将决定你未来的成败。我也在台大和清华教了十几年的课，我常常跟学生讲，选对一个领域和选对一个问题是成败的关键，而你自己本身必须是带着问题来探究无限的学问世界，因为你不再像大学时代一样泛滥无所归。所以这段时间内，必须选定一个有兴趣与关注的主题为出发点，来探究这些知识，产生有机的循环。由于你是自发地对这个问题产生好奇和兴趣，所以你的态度和大学部的学生是截然不同的，你慢慢从被动的接受者变成一个主动的探索者，并学会悠游在这学术的领域。

我举一个例子，我们的中研院院长李远哲先生，得了诺贝尔奖。他曾经在中研院的周报上写过几篇文章，在他的言论集里面，或许各位也可以看到，他反复提到他的故事。他是因为读了一个叫作马亨教授的教科书而去美国伯克利加州大学念书，去了以后才发现，这个老师只给他一张支票，跟他说你要花钱你尽量用，但是从来不教他任何东西。可是隔壁那个教授，老师教很多，而且每天学生都是跟着老师学习。他有一次就跟老师抱怨："那你为什么不教我点东西呢？"老师就说："如果我知道结果，那我要你来这边念书做什么？我就是因为不知道，所以要我们共同探索一个问题、一个未知的领域。"他说其实这两种教法都有用处，但是他自己从这个什么都不教他、永远碰到他只问他"有没有什么新发现"的老师身上，得到很大的成长。所以这两方面都各自蕴含深层的道理，没有所谓的好坏，但是最好的方式就是将这两个方式结合起来。我为什么讲这个故事呢？就是强调在这个阶段，学习是一种"self-help"，并且是在老师的引导下学习"self-help"，而不能再像大学时代般，都是纯粹用听的，这个阶段的学习要基于对研究问题的好奇和兴趣，要带着一颗热忱的心来探索这个领域。

然而研究生另外一个重要的阶段就是 learn how to learn，不只是学习而已，而是学习如何学习，不再是要去买一件很漂亮的衣服，而是要学习拿起那一根针，学会绣出一件漂亮的衣服，慢慢学习把目标放在一个标准上，而这一个标准就是你将来要完成硕士或博士学位论文。如果你到西方一流的大学去读书，你会觉得我这一篇论文可能要和全世界做同一个课题的人相比较。我想即使在台湾也应该要有这样的心情,你的标准不能只是放在旁边几个人而已,而应该是要放在领域的普遍人里面。你这篇文章要有新的东西,才算达到的标准,也才符合到我们刚刚讲到那张拉丁文的博士学位证书上面所讲的,有所贡献与创新。

二 一个老师怎么训练研究生

第二个,身为老师,你要怎么训练研究生。我认为人文科学和社会科学的训练,哪怕是自然科学的训练,到研究生阶段应该更像师徒制,所以来自个人和老师、个人和同侪间密切的互动和学习是非常重要的,跟大学部坐在那边单纯听课,听完就走人是不一样的,相较之下你的生活应该要和你所追求的知识与解答相结合,并且你往后的生活应该或多或少和这个探索有相关。

(一)善用与老师的伙伴关系,不断 research

我常说英文 research 这个词非常有意义,search 是寻找,而 research 是再寻找,所以每个人都要 research,不断地一遍一遍再寻找,并进而使你的生活和学习成为一体。中国近代兵学大师蒋百里在他的兵学书中曾说:"我于世界民族兴衰,发见一条根本的原则,就是生活条件与战斗条件一致者强、相离者弱、相反者亡。"我就是借由这个来说明研究生的生活,你的生活条件与你的战斗条件要一致,你是跟着老师与同学共同成长的,当中你所听到的每一句话,都可能带给你无限的启发。

回想当时我在美国念书的研究生生活,只要随便在楼梯口碰到任何一个人,他都有办法帮忙解答你语言上的困难,不管是英文、拉丁文、德文、希腊文……所以能帮助解决问题的不只是你的老师,还包括所有同学以及学习团体。你的学习是跟生活合在一起的。当我看到有学生呈现被动或是懈怠的时候,我就会用毛泽东的"革命不是请客吃饭!"来跟他讲:"做研究生不是请客吃饭。"

(二)借由大量阅读和老师提点,进入研究领域

怎样进入一个领域最好,我个人觉得只有两条路,其中一条就是让他不停地念书、不停地报告,这是进入一个陌生的领域最快又最方便的方法,到最后不知不觉学生就会知道这个领域有些什么,我们在不停念书的时候常常会沉溺在细节里不能自拔,进而失去全景,导致见树不见林,或是被那几句英文困住,而忘记全局在讲什么。借由学生的报告,老师可以讲述或是厘清其中的精华内容,经由老师几句提点,学生就会慢慢打通任督二脉,逐渐发展一种自发学习的能力,同时也知道碰到问题可以看哪些东西。就像是我在美国念书的时候,我修过一些我完全没有背景知识的国家的历史,所以我就不停地念书、不停地逼

着自己吸收，而老师也只是不停地开书目，运用这样的方式慢慢训练，有一天我不再研究它时，我发现自己仍然有自我生产及蓄发的能力，因为我知道这个学问大概是什么样的轮廓，碰到问题也有能力去查询相关的资料。所以努力让自己的学习产生自发的延展性是很重要的。

（三）循序渐进地练习论文写作

到了硕士或博士最重要的一件事，是完成一篇学位论文，而不管是硕士还是博士论文，其规模都远比你从小学以来所受的教育、所要写的东西都还要长得多，虽然我不知道教育方面的论文情况是如何，但是史学的论文都要写二三十万字，不然就是十几二十万字。写这么大的一个篇幅，如何才能有条不紊、条理清楚，并把整体架构组织得通畅可读？首先，必须要从一千字、五千字、一万字循序渐进地训练，先从少的慢慢写成多的，而且要在很短的时间内训练到可以从一万字写到十万字。这么大规模的论文谁都写得出来，问题是写得好不好，因为这么大规模的写作，有这么许多的脚注，还要注意首尾相映，使论述一体成型，而不是散落一地的铜钱；是一间大礼堂，而不是一间小小分割的阁楼。为了完成一个大的、完整的、有机的架构模型，必须从小规模的篇幅慢慢练习，这是一个最有效的办法。

我发现受计算机的影响，很多学生写文章能力大幅下降。写论文时很重要的一点是，文笔一定要清楚，不要花俏，不必漂亮，"清楚"是最高指导原则，经过慢慢练习会使你的文笔跟思考产生一致的连贯性。我常跟学生讲不必写得花俏，不必展现你散文的才能，因为这是学术论文，所以关键在于要写得非常清楚，如果有好的文笔当然更棒，但那是可遇不可求的，文采像个人的生命一样，英文叫 style，style 本身就像个人一样带有一点点天生。因此最重要的还是把内容陈述清楚，从一万字到最后十万字的东西，都要架构井然、论述清楚、文笔清晰。

我在念书的时候，有一位欧洲史、英国史的大师 Lawrence Stone——他目前已经过世了，曾经有一本书访问十位最了不起的史学家，我记得他在访问中说了一句非常吸引人注意的话，他说他英文文笔相当好，所以他一辈子没有被退过稿。因此文笔清楚或是文笔好，对于将来文章可被接受的程度有举足轻重的作用。内容非常重要，有好的表达工具更是具有加分的作用，但是这里不是讲究漂亮的 style，而是论述清楚。

三　研究生如何训练自己

（一）尝试接受挑战，勇于克服

研究生如何训练自己？就是每天、每周或每个月给自己一个挑战，要每隔一段时间就给自己一个挑战，挑战一个你做不到的东西，你不一定要求自己每次都能顺利克服那个挑战，但是要努力去尝试。我在求学生涯中，碰到太多聪明却一无所成的人，因为他们很容易困在自己的障碍里面。举例来说，我在普林斯顿大学碰到一个很聪明的人，他就是没办法克服他给自己的挑战，总是东看西看。虽然我也有这个毛病，可是我会定期给我自己一个挑战，例如，我会告诉自己，在某一个期限内，无论如何一定要把这三行字改掉，或是这个礼拜一定要把这篇草稿写完，虽然我仍然常常写不完，但是有这个挑战跟没这个挑战是不一样的，因为我挑战三次总会完成一次，完成一次就够了，就足以表示克服了自己。如果觉得每一个礼拜的挑战，可行性太低，可以把时间延长为一个月的挑战，去挑战原来的你，不一定能做到的事情。不过也要切记，硕士生是刚开始进入这一个领域的新手，如果一开始问题太小，或是问题大到不能控制，都会造成以后研究的困难。

（二）论文的写作是个训练过程，不能苛求完成经典之作

各位一定要记得我以前的老师所说的一句话："硕士跟博士是一个训练的过程，硕士跟博士不是写经典之作的过程。"我看过很多人，包括我的亲戚朋友们，他之所以没有办法好好地完成硕士论文或是博士论文，就是因为他把它当成在写经典之作的过程，虽然事实上，很多人一生

最好的作品就是硕士学位论文或博士学位论文。因为之后的时间很难再有三年或六年的时间，沉浸在一个主题里反复耕耘。当你做教授的时候，像我今天被行政缠身，你不再有充裕的时间好好探究一个问题，尤其做教授还要指导学生、上课，非常的忙碌，所以他一生最集中又精华的时间，当然就是他写博士或是硕士论文的时候，而那一本成为他一生中最重要的著作也就一点都不奇怪了。

但是不一定要刻意强求，所以要有这是一个训练过程的信念，应该清楚知道从哪里开始，也要知道从哪里放手，不要无限地追下去。当然我不是否认这个过程的重要性，只是要调整自己的心态，把论文的完成当成一个目标，不要成为一种心理障碍或是心理负担。这方面有太多的例子了。我在普林斯顿大学念书的时候，那边旧书摊有一位非常博学多文的旧书店老板，我常常赞叹地对他说："你为什么不要在大学做教授。"他说："因为那篇博士论文没有写完。"原因在于他把那个博士论文当成要写一本经典，那当然永远写不完。如果真能写成经典那是最好，就像《美丽心灵》那部电影的男主角 John Nash 一样，一生最大的贡献就是那二十几页的博士论文，不过切记不要把那个当作目标，因为那是自然而然形成的，应该要坚定地告诉自己，所要完成的是一份结构严谨、论述清楚与言之有物的论文，不要一开始就期待它是经典之作。如果你期待它是经典之作，你可能会变成我所看到的那位旧书摊的老板。至于我为什么知道他有那么多学问,是因为那时候我在找一本书,但它并没有在旧书店里面,不过他告诉我:"还有很多本都跟它不相上下。"后来我对那个领域稍稍懂了之后,证明确实如他所建议的那般。一个旧书店的老板精熟每一本书,可是他就是永远无法完成他梦幻般的学位论文,因为他不知道要在哪里放手,这一切都只成为空谈。

(三)论文的正式写作

1. 学习有所取舍

到了写论文的时候,要能取也要能舍,因为现在信息爆炸,可以看的书太多,所以一定要建构一个属于自己的知识树。首先,要有一棵自己的知识树,才能在那棵树挂相关的东西,但千万不要不断地挂不相关的东西,而且要慢慢地舍掉一些挂不上去的东西,再随着你的问题跟关心的领域,让这棵知识树有主干和枝叶。然而这棵知识树要如何形成?第一步你必须对所关心的领域中有用的书籍或是资料非常熟悉。

2. 形成你的知识树

我昨天还请教林毓生院士,他今年已经七十几岁了,我告诉他我今天要来做演讲,就问他:"你如果讲这个题目你要怎么讲?"他说:"只有一点,就是那重要的五六本书要读好几遍。"因为林毓生先生是哈耶克,还有几位近代思想大师在芝加哥大学的学生,他们受的训练中很重要的一部分是精读原典。这句话很有道理,虽然你不可能只读那几本重要的书,但是那五六本书将逐渐形成你知识树的主干,此后的东西要挂在上面,都可以参照这一个架构,然后把不相干的东西暂放一边。生也有涯,知也无涯,你不可能读遍天下所有的好书,所以要学习取舍,了解自己无法看遍所有感兴趣的书,而且一旦看遍所有感兴趣的书,很可能就会落得普林斯顿街上的那位旧书店的老板一般,因为阅读太多不是自己所关心的领域的知识,它对你来说只是一地的散钱。

3. 掌握工具

在这个阶段一定要掌握语文与合适的工具。要有一个外语可以非常流畅地阅读,要有另外一个语文至少可以看得懂文章的标题,能学更多当然更好,但是至少要有一个语文,不管是英文、日文、法文……一定要有一个语文能够非常流畅地阅读相关书籍,这是起码的前提。一旦这个工具没有了,你的视野就会因此大受限制,因为语文就如同一扇天窗,没有这个天窗你这房间就封闭住了。为什么要看得懂标题?因为这样才不会有重要的文章而你不知道,如果你连标题都看不懂,就不知道如何找人来帮你或是自己查相关的资料。其他的工具,不管是统计还是其他任何工具,你也一定要多掌握,因为你将来没有时间学会使用这样的工具。

4. 突破学科间的界限

应该要把跨学科的学习当作一件很重要的事，但是跨学科涉及的东西必须要对你这棵知识树有帮助，要学会到别的领域稍微"偷打几枪"，到别的领域去摄取一些概念，对于本身关心的问题产生另一种不同的启发，可是不要泛滥无所归。为什么要去"偷打那几枪"？近几十年来，人们发现不管是科学还是人文，最有创新的部分都是发生在学科交会的地方。为什么会如此？因为我们现在的所有学科大部分是 19 世纪在西方形成的，而中国再把它转借过来。19 世纪形成这些知识学科的划分的时候，很多带有那个时代的思想跟学术背景，比如说，中研院的李院长的专长就是物理化学，他之所以得诺贝尔奖就是他在物理和化学的交界处做工作。像诺贝尔经济学奖，这二十年来所颁的奖，如果在传统的经济学奖来看就是旁门左道，古典经济学岂会有这些东西？甚至心理学家也得诺贝尔经济学奖，连 John Nash 这位数学家也得诺贝尔经济学奖，为什么？因为他们都在学科的交界上，学科跟学科、平台跟平台的交界之处有所突破。在平台本身、在学科原本最核心的地方已经 search 太多次了，不一定能有很大的创新，所以跨领域学习是一件很重要的事情。

常常一篇硕士论文或博士论文最重要、最关键的，是那一个统摄性的重要概念，而通常你在本学科里面抓不到，是因为你已经泡在这个学科里面太久了，你已经拿着手电筒在这个小仓库里面照来照去太久了，而忘了还有别的东西可以更好地解释你这些材料的现象，不过这些东西可遇而不可求。John Nash 这一位数学家为什么会得诺贝尔经济学奖？为什么他关于博弈论的博士论文，会在数十年之后得诺贝尔经济学奖？因为他在大学时代上过经济学导论的课，所以他认为数学可以用于经济方面的思考，而在一开始，他也没有想到这个东西会有这么大的用处。他是在数学和经济学的知识交界之处做了突破。有时候与经济学这一部分没有大关系，与数学的这一部分也没有大关系，不过两个加在一起，火花就会蹦出来。

5. 论文题目要有延展性

对一个硕士生或博士生来说，如果选错了题目，就是失败，题目选对了，还有百分之七十胜利的机会。这个问题值得研一、博一的学生好好思考。你的第一年其实就是要花在这上面，你要不断地跟老师商量寻找一个有意义、有延展性的问题，而且不要太难。我在"国科会"当过人文处处长，当我离开的时候，每次就有七千件申请案，就有一万四千个袋子，就要送给一万四千个教授审查。我当然不可能看那么多，可是我有个重要的任务，就是要看申诉。有些申诉者认为："我的研究计划很好，我的著作很好，所以我来申诉。"申诉通过的大概只有百分之十，那么我的责任就是在百分之九十未通过的案子正式判决前，再拿来看一看。有几个印象最深、常常被拿出来讨论的，就是这个题目不必再做了、这个题目本身没有发展性,所以使我更加确认选对一个有意义、有延展性、可控制、可以经营的题目是非常重要的。

我的学生常常选非常难的题目,我说你千万不要这样,因为没有人会仔细去看你研究的困难度,对于难的题目你要花更多的时间阅读史料,才能得到一点点东西;要挤很多东西,才能筛选出一点点内容,所以你最好选择一个难易适中的题目。

我写过好几本书,我认为我对每一本书花的心力都是一样,虽然我写任何东西我都不满意,但是在过程中我都绞尽脑汁希望把它写好。目前为止很多人认为我最好的书,是我二十几岁刚到史语所那一年所写的那本书。我在那本书上花的时间并不长,那本书大部分的稿子,是我和许添明老师同时在当兵的军营里面写的,还是用我以前旧的笔记写的。大陆这些年有许多出版社,反复要求出版我以前的书,尤其是这一本,我说:"不行。"因为我用的是我以前的读书笔记,我怕引文有错字,因为在军队营区里面随时要出操、随时要集合,手边又没有书,怎么可能好好地去核对呢?而如果要我重新校正一遍,又因为引用太多书,实在没有力气校正。

为什么举这个例子呢?我后来想一想,那本书之所以比较好,可能是因为那个题目延展性大,那个题目波澜起伏的可能性大。很多人都认为,我最好的书应该是剑桥大学出的那一本，不过我认为我最好的书一定是用中文写的，因为这个语文我能掌握，英文我没办法掌握得出神入化。读、写任何语文一定要练习到你能带着三分随意，那时候你才可以说对于这一个语文完全理解与精熟，如果你还无法达到三分的随意，就表示你还在摸索。

回到我刚刚讲的，其实每一本书、每一篇论文我都很想把它写好。但是有些东西没办法写好，为什么？因为一开始选择的题目不够好。因此唯有选定题目以后，你的所有训练跟努力才有价值。我在这里建议大家，选题的工作要尽早做，所选题目所要处理的材料最好要集中，不要太分散，因为硕士生可能只有三年，博士生可能只有五年，如果你的材料太不集中，读书或看资料可能就要花掉你大部分的时间，让你没有余力思考。而且这个题目要适合你的性向，如果你不会统计学或讨厌数字，却选了一个全都要靠统计的论文，那是不可能做得好。

6. 养成遵照学术格式的写作习惯

另外一个最基本的训练，就是平时不管你写一万字、三万字还是五万字都要养成遵照学术规范的习惯，要让它自然天成，就是说你论文的脚注、格式，在一开始进入研究生的阶段就要培养成为你生命中的一个部分。如果这个习惯没有养成，人家就会觉得这个论文不严谨，而且之后修改也要花很多时间，因为你的论文规模很大，可能几百页，如果一开始弄错了，后来再从头改到尾，一定很耗时费力，因此要在一开始就养成习惯。因为我们是在写论文而不是在写散文，哪一个逗点应该在哪里、哪一个书名号该在哪里、哪一个地方要用引号、哪一个要什么标点符号，都有一定的规定。用中文写还好，用英文有一大堆简称。在1960年代台湾知识还很封闭的时候，有一个人从美国回来就说："美国有个不得了的情形，因为有一个人非常不得了。"有人问他为什么不得了，他说："因为这个人的作品到处被引用。"他的名字就叫 *ibid*。所谓 *ibid* 就是同前作者，这个字是从拉丁文发展出来的，拉丁文有一大堆简称，像 *et. al.* 就是两人共同编的。英文有一本 *The Chicago Manual of Style* 就是专门说明这一些写作规范。各位要尽早学会中英文的写作规范，慢慢练习，最后随性下笔，就能写出符合规范的文章。

7. 善用图书馆

图书馆应该是研究生阶段最重要的地方，你不必读每一本书，可是你要知道有哪些书。我记得我做学生的时代，新进的书都会放在图书馆的墙上，而身为学生最重要的事情，就是要把书名看一看。在某些程度上知道书皮就够了，但是这仍和打计算机是不一样的，你要实际上熟悉一下那本书，摸一下，看一眼目录。我知道现在从计算机就可以查到书名，可是我还是非常珍惜这种定期去 browse 新到的书的感觉，或去看看相关领域的书长成什么样子。中研院有一位院士是哈佛大学信息学教授，他告诉我他在创造力最高峰的时候，每个礼拜都到他们信息系图书室里，翻阅重要的信息学期刊。所以图书馆应该是身为研究生的人们最熟悉的地方。不过切记不重要的不要花时间去看，你们生活在信息泛滥的时代，跟我生长在信息贫乏的时代是不同的，所以生长在这一个时代的你，要能有所取舍。我常常看我的学生引用一些三流的论文，却引得津津有味，我都替他感到难过，因为我强调要读有用、有价值的东西。

8. 留下时间，精致思考

还要记得给自己保留一些思考的时间。一篇论文能不能出神入化、能不能引人入胜，很重要的是在现象之上做概念性的思考，但我不是说一定要走理论的路线，而是提醒大家要在一般的层次再提升两三步，conceptualize 你所看到的东西。真切去了解，你所看到的东西是什么？整体意义是什么？整体的轮廓是什么？千万不要被枝节淹没，虽然枝节是你最重要的开始，但是你一天总也要留一些时间好好思考、慢慢沉淀。conceptualize 是一种非常难教的东西，我记得我念书时，有位老师信誓旦旦说要开一门课，教学生如何 conceptualize，可是从来都没开成，因为这非常难教。我要提醒的是，在被很多材料和枝节淹没的时候，要适时跳出来想一想，所看到的东西有哪些意义，这个意义有没有广泛链接到更大层面的知识价值。

傅斯年先生来到台湾以后，同时担任中研院历史语言研究所的所长及台大的校长。台大有个傅钟每小时钟声有二十一响,敲二十一次。以前有一个人,写了一本书叫《钟声二十一响》,当时很轰动。他当时对这二十一响解释是说:因为台大的学生都很好,所以二十一响是欢迎国家元首二十一响的礼炮。不久前我发现台大在每一个重要的古迹下面竖一个铜牌,我仔细看看傅钟下的解释,才知道原来是因为傅斯年当台大校长的时候,曾经说过一句话:"人一天只有二十一个小时,另外三小时是要思考的。"所以才叫二十一响。我觉得这句话大有道理,可是我觉得三小时可能太多,因为研究生是非常忙的,但至少每天要留个三十分钟、一小时思考,想一想你看到了什么?学习跳到比你所看到的东西更高一点的层次去思考。

9. 找到学习的楷模

我刚到美国念书的时候,每次写报告头皮就重得不得了,因为我们的英文报告三四十页,一个学期有四门课的话就有一百六十页,可是你连脚注都要从头学习。后来我找到一个好办法,就是我每次要写的时候,把一篇我最喜欢的论文放在旁边,虽然他写的题目跟我写的都没关系,不过我每次都看他如何写,看看他的注脚,读几行,然后我就开始写。就像最有名的男高音 Pavarotti 唱歌剧的时候都会捏着一条手帕,因为他说:"上舞台就像下地狱,太紧张了。"为了克服紧张,他有习惯性的动作,就是捏着白手帕。我想当年那一篇论文抽印本就像是我的白手帕一样，能让我开始好好写这篇报告，我学习它里面如何思考、如何构思、如何照顾全体、如何用英文做脚注。好好地把一位大师的作品读完，开始模仿和学习他，是入门最好的方法，逐步的，你也开始写出自己的东西。我也常常鼓励我的学生，出国半年或是一年到国外看看。像现在"国科会"有各式各样的机会，可以增长眼界，可以知道现在的餐馆正在卖些什么菜，回来后自己要做菜也才知道要如何着手。

四　用两条腿走路，练习培养自己的兴趣

最后还有一点很重要的，就是我们的人生是两只脚，我们不是靠一只脚走路。做研究生的时代，固然应该把所有的心思放在学业上，探索你所要探索的那些问题，可是那只是你的一只脚，另外还有一只脚是要学习培养一两种兴趣。很多人后来会发现右脚特别肥重（包括我自己在内），也就是因为忘了培养左脚。很多很有名的大学者最后都陷入极度的精神困扰之中，就是因为他只是培养他的右脚，忘了培养他的左脚，忘了人生用两只脚走路；他少了一个小小的兴趣或嗜好，用来好好地调解或是排遣自己。

去年夏天，香港《亚洲周刊》要访问我，我说："我不想接受访问，我不是重要的人。"可是后来他们还是把一个简单的对话刊出来了，里面我只记得讲了一段话：做

一个研究生或一个学者，有两个感觉最重要——责任感与罪恶感。你一定要有很强的责任感，去写出好的东西，如果责任感还不够强，还要有一个罪恶感，你会觉得如果今天没有好好做几个小时的工作的话，会有很大的罪恶感。除非是了不得的天才，不然即使爱因斯坦也是需要很努力的。很多很了不得的人，他只是把所有的努力集中在一百页里面，他花了一千小时和另外一个人只花了十个小时，相对来说，当然是那花一千个小时所写出来的文章较好。所以为什么说要赶快选定题目？因为如果太晚选定一个题目，只有一年的时间可以好好耕耘那个题目，早点选定可以有两三年耕耘那个题目，是三年做出的东西好，还是一年的东西好？如果我们的才智都一样的话，将三年的努力与思考都灌在上面，当然比一年要好。

五　营造卓越的大学，分享学术的氛围

现在很多人都在讨论何谓卓越的大学。我认为一个好的大学，学校生活的一大部分，以及校园的许多活动，直接或间接都与学问有关，同学在咖啡厅里面谈论的，直接或间接也都会是学术相关的议题。教授们在餐厅里面吃饭，谈的是"有没有新的发现"，或是哪个人那天演讲到底讲了什么重要的想法。一定是沉浸在这种氛围中的大学，才有可能成为卓越大学。那种交换思想学识、那种互相教育的气氛不是花钱就有办法获得的。我知道钱固然重

要,但不是唯一的东西。一个卓越的大学、一个好的大学、一个好的学习环境,代表里面有一个共同关心的焦点,如果没有的话,这个学校就不可能成为好的大学。

(花莲教育大学国民教育研究所演讲,2005年10月28日)

再谈假如我是一个研究生

一　简谈我的治学经历

我是台大历史系、台大历史研究所毕业的，后来硕士学位论文很幸运地出版，当时被中研院看中，就进入中研院服务。这在当时是很少见的。曾经中研院录取了很多硕士毕业甚至是学士毕业的人进来，当然这也只有人文学科才有可能，好比今天的英国，依然认为大学毕业就可以大抵看出一个人的程度。但我那时，或许是受到美国学风的影响，大都认为一定要有博士学位才能够进中研院，所以我可以说是非常幸运的。后来去了普林斯顿大学，留职留薪待了五年，又回到中研院服务，直到现在。我研究的重点大抵是明清、15世纪的一些文化、思想。

二　研究学问的快乐

什么时候我们研究学问是最快乐的？那就是当我们发

现一个问题，而自己又刚刚好略有所得，也就是你有一点点想法、心得，对这个问题有若干美好的想象，手头边又有若干的材料的时候，这时候是做学问最快乐的时候。

三　研究学问最痛苦的时候

有几件事情，是我觉得是做研究最痛苦的时候。第一就是校对，尤其是完成一篇文章，然后要重读，并且不断更改的时候。我在台大的时候，有位老师的名言是："时间永远是不够的。"这句话当我年纪越长，越有体会。我这个人不怕读书，不怕写论文，但最怕的就是校对。首先它需要很多的时间，加上我这个人有坏毛病，看到不对的地方就会更改，甚至有一本书放了十年才出版，原因就是我太怕校对。但是我有两个方法来解决它，第一就是要限定自己在一段时间内把事情完成，好比我每个礼拜会有一到两次会限定自己晚上九点到凌晨三点，一定要把文章完成，让时间成为你的压力，让你能够总是在限定时间中完成事情。我以前在普林斯顿大学读书，认识了各式各样的人，一大堆很聪明的学生汇集在此，但是有超过一半你过阵子就看不见他们了，为什么？因为他们没有办法按时缴交学期作业。这是很重要的事情。有一次，跟一位同学一起去逛超级市场，遇到了他的导师，老师跟他说："许个愿，告诉我你什么时候把积欠我一年的报告交出来。"这是第一个，在限定时间内把事情完成。第二痛苦就是书写障碍，有的人很会读书，很会做研究，但他做完研究之后就会觉得，这有点复杂，不会写出来。事实上，这也是有解决方法的，一就是你不要急，不要边看书边写，我知道在座各位跟我很不一样，你们都是用计算机写文章，我还是在用笔写的人。我知道很多人都拿着一大堆书，边看边写，我做不来，我觉得那样也不是很好。论文它是一个有机体，它像一个生物，你必须让它自然、协调、互相论证。解决的方法有两个，一个就是每一天一段一段写，永远不要一口气写完，这样你会发现文章有条理，而且不会内容跑掉。第二就是花时间去"呈现"，这是跟自然科学很不一样的地方，他们都是数据，很简单地就可以呈现。但我们不同，英文的论文如果你用词稍一有问题，人家立即给你退稿，除非你的文章非常非常特别。我希望大家能够用60%的时间做研究，但用40%的时间写东西，而不像有些人只用10%。

四　写论文时要做的事情

第一，有创造性的压力。这个压力不可以太大，大到让你无法正常工作、思考；这个压力也不可以太小，小到让你没有感觉，所以我说这是创造性的压力。

第二，要有责任感以及罪恶感。对于自己的进度、学问、论文，当你怠惰了，当你没有以往那么专注了时，要有罪恶感，督促你回到轨道上，而对你所处理的事务也要有责任感。

第三，有意义的问题。这是最重要的。我以前台大的老师曾经说过，写一个没有意义的问题，与写一个有意义的问题，所花费的时间是差不多的，顶多有意义的问题多花费几成的时间。有意义的问题，才可以使你做学问做得有兴趣，而一个真正有意义的问题，它的特色就是"与其他学科相通"，好的问题就好像一个房间，它里面有好几扇窗能够互通其他学问，往往其他的学科一个念头，或者一种新的说法，总是能够互相在某种程度上相通，这就是一个有意义的问题。

第四，材料要适当的集中。以前读书的时候，有一位同学，现在姑隐其名，他现在任教于台北的某大学。他硕士学位论文选了一个题目，很有意义，题目我记得没错的话，是魏晋南北朝某个时期北人南来还是南人北来的问题，这个问题很有意义，可以探讨南北文化交流。但是史料何其多，而且分散得太大，搞得他晚上睡觉的时候，梦到一个人跟他说，我也是北方南来的，你别忘记我了。这就是材料必须相对集中的意义，这才不会让你花了80%，甚至更多的时间找资料，把你搞得半死。

第五，别把目光停留在材料上。现在信息很方便，以前我们要翻档案，花二十年，但现在花几秒就可以找到一大堆资料，尤其一大堆汉籍电子数据库，简直是太方便了。但是，千万别停留在材料上，你必须将视角拉高，想想这些材料代表什么,而非一股脑地钻进去研究"里头"的东西。

第六,随时注意新领域。投入新领域通常比较容易获得成就,我们看诺贝尔奖的得主,大部分是开创一个领域的人,而后来加入这个领域,并且顺利解决问题的人却没有那么受到重视。因此,随时注意新领域是很重要的,但是也千万要注意它是不是已经很"拥挤"了。有的学问在国外都已经发展很久了,你又突然投身进去,实际上收获并不会太大。

第七,问题要分多个层次看。我是历史学家,我们都是在解释历史现象,在解释历史现象的时候,要尽量多分好几个层次看,但也不能太多,太多就会搞得复杂且也没有太大的意义。

第八,形成清楚的论证。当你着手撰写论文,要形成清楚的论证,最好是对整个题目有整体的看法,然后再开始写,别太仰赖数据库以及一大堆资料,要尽量有自己的想法。论文题目论证这种概念实际上是西方在近代引进的,好比中国著名的文学家黄侃,他也写了许多论著,但根据我的老师(余英时)的说法,他并没有形成问题意识。围绕着问题做学问,这也是论证式研究与传统中国学者之间的差别。

第九,写的时候就要有出版的决心。这并不是说每个人都一定能够出版,而是希望大家在写论文的时候都能够抱着一颗出版的心,只有这样,才能够让你的决心够充分,认真把事情做好。

第十,研究、读书、著述是三回事。我在中研院看到一些人,一辈子就是看书,而且是每天看,却很少著述。有时候去中研院餐厅吃饭,遇到他总会问说,最近有什么好书可以看?他会丢个几本书给我,我再去找找。你说他有学问吗?有,这就是西方说的移动式的仓储、百科全书,我要告诉各位,研究、读书、著述三者是不同的东西,但是三位一体,没有一个可以偏废。

第十一,思而不学则殆,学而不思则罔。

五　写论文时应避免做的事

第一,避免眼高手低。中国近代人物里面,有一位叫作黄侃的学者。他认为当时的学者都不如他,什么胡适、傅斯年,他认为人应该要把大体、细节都掌握清楚了,然后再开始写东西。他花了一辈子的时间"读书",直到他五十岁的时候,他说"韦编三绝今知命,黄绢初成好著书",没想到同年就去世。这就是眼高手低的一个例子,人空有学问,但没有作品,评价就会不高。

第二,要克服心理障碍。例如前面提到的写作障碍。

第三,别一直做准备。不要老是花时间看资料、找资料,然后一直打转,一事无成。我以前在台大的老师(姚崇吾)有一句名言:"骑马要骑在马背上,游泳要跳到水里",意思就是说想到就要去做!

第四,要知道在哪里舍弃。我以前在普林斯顿读书,最聪明的就是一位荷兰同学,每个教授都夸她多好多好,对哪个领域多专精这样。但是后来她写出来的博士论文,却是最差的。为什么?因为她太了解每个东西了,所以她太注重细节,总是要计较A,又从A追到B,B到C,C到D,她的论文到最后成为一种片段问题的总集合。写论文要能够掌握大概,解决一个核心的问题,别拘泥在很多小地方,所以说要知道在哪里舍弃。

第五,事情的发展与历史研究是相反的。历史事件的发生是A→B→C→D,但是历史研究却是相反的D→C→B→A,在这种过程里面,我们往往忽略很多事情。好比近代台湾,戒严时期党外最有名的人士黄信介。哪是黄信介?当时最红的是康宁祥,多少大学生逃学去听他的政见发表会,可以说是万人空巷,他代表了当时温和改革派的主流。后来黄信介这些人成功了,因此得以留名。现在每个人在写的时候,就写黄信介,康宁祥被遗忘了。但是历史不是回去倒着扣,过度简单地解释,我们常常因为这样而把许多论点搞错。

六 学术研究的精神气质:性格与学术

什么是气质,这跟做学问有什么关系?最重要的就是量材适性,了解自己的才性。中国有一部书叫作《世说新语》，里面花了很多时间来谈论人的才性，以前我不懂，后来我渐渐懂了。就是说人人有适合的地方，好比司马光，被同时代的邵雍说只是一个资质平凡的人，没有办法做哲学性的思辨工作，但他却编了《资治通鉴》，直到今天我们都还在读，我想五百年、一千年后的人也会继续读《资治通鉴》。但又有多少人懂邵雍的哲学呢？并不是说那不好，而是要告诉大家，每个人都有自己适合的才，你要找到并且去发挥它，任何人都可留名，在这个程度上，可以说智商没有太大的意义了。又好比清代阮元的《十三经注疏》，他们都不是我们说顶聪明、领时代风骚的人，但他们做这种工作也可以流芳百世，直到今天我们都还在使用。因此，我要告诉大家，了解自己的才性之后，要做切实的学问，不要赶时髦，这样才可以长远。

七　在做学问的过程中，寻觅、困惑、挫折是不可少的

人们当然不希望碰到困惑、挫折，这里只举一个例。陈寅恪写《柳如是别传》长达十年，其中为了考证钱谦益与黄毓祺的关系等公案，迟迟未能理清并获得确切答案，史学大师显然挫折万分，他在《笺释钱柳因缘诗，完稿无期，黄毓祺案复有凝滞，感赋一诗》中这样感叹道："然脂暝写费搜寻，楚些吴歈感恨深。红豆有情春欲晚，黄扉无命陆终沉。机云逝后英灵改，兰蕚来时丽藻存。拈出南

山一公案,可容迟暮细参论。"

后来陈寅恪在《柳如是别传》中花了很长的篇幅讨论钱、黄的关系,不过学界对此仍有争议。举这个例子是说明,在研究的过程中,挫折与困惑是如何恼人。但是这一段挫折对于《柳如是别传》最后一章也不是全无贡献。它所逼出的种种设想与考证,仍然有开拓性价值。

事实上,困惑与挫折常常逼迫我们省视自己的对错、冷眼看自己的可能性与局限性,并尽量开拓自己,开发自己原先所未有的能力与契机。同时,也可能因为是对于当时约定俗成的知识提出挑战,故而是产生新知识的时候。即使是因此而了悟"此路不通",也是一种知识上的贡献。

我曾问过一位诺贝尔化学奖的得主,他最有价值的学术贡献,通常长成什么样子?他说,通常是在发现的过程中有困惑、挫折,而投到一流学术期刊时,一开始并不被完全接受,在经过几个来回之后终于成功刊出的论文。史学家严耕望认为他自己非常有创获的一篇论文《论唐代尚书省之职权与地位》(《中央研究院历史语言研究所集刊》1953 年),在写作及刊出过程中也是充满困惑与挫折。

我个人的若干研究经验,也多少印证这个道理。我往往在材料或现象看似互相矛盾,或不可解,或与约定俗成之见有所不合时,充满困惑与挫折,逼使自己往上顶一格,寻求一个更具解释性,甚至更为宏观的解释。

我始终认为在研究的过程中,水到渠成、触手成春的工作，当然是有的。唐末武将高骈的诗"不知子晋缘何事，才学吹箫便得仙"的事情当然所在多有。不过，挫折、困惑之后，凝练而成好的结果则是更为常见的。

八　研究社群的塑造

受限于时间，我们跳过几个，简单谈一下来结束这次的演讲。首先我在纲要里面提到"懒散空间"，这是很重要的，我在普林斯顿的时候发现，一个好的学术环境都必须让人能够适当"放松"，而且能够让人跟人互相讨论，这是很重要的事情。台湾的学术环境就是太紧了，压迫得人们很有压力。第二个要谈的就是天才是成群而来的，详细可以去找一个报纸叫作《南方周末》，里面有提到，西方做学问是大家一起做的事，故一群人把一个人顶上去。

九　一些反省

最后，我要跟大家分享我的反省。那就是一张纸片不可少，一手卷宗不可少，你随时想到什么，都把它记下来，因为想法都是稍纵即逝的。然后要有胆量，像我做学问就是太保守。另外英文要好，最好是多学好几种语言，然后要多跟人讨论，多参加研讨学术会，但不要参加太多，做太多的讨论。谢谢大家。

余英时印象

十六七年前，当我在香港中文大学客座时，注意到余先生早期在香港报刊上发表过许多文章，我便开始零星地搜集这方面的文字，并准备写一篇长文（甚至是一本小书）来加以讨论。而且我的讨论将尽量不包含大家所熟知的学术论著——我的意思是余先生的学术论著早已为人们所熟知，不必再经过我的重述。可惜因为个人疏懒，这个愿望迟迟未能实现。最近承《数理与人文》出题让我写一篇"余英时印象"，因为时间比较仓促，我只先选择一些生活上的印象下笔。

我是在1980年，《中国时报》在宜兰栖兰山庄举办的一个闭门讨论会上初识余先生的。如今回想起来，当时所有参与者，后来几乎全部成为中研院院士或是"内阁部会"首长。我记得当时偶然有机会向余先生请教我的硕士学位论文《章太炎的思想》，提到当时大陆正在出版的《章太炎全集》动作太慢，深怕资料不足。余先生说史料不必勉强求全，但论旨要集中（原话是要有 focus）。还记得当时余先生棋兴大发,与胡佛先生等人对弈,在座者都不是他的对手。由于我在一旁观战,余先生还转过头来问我:"你下围棋吗?"后来我才知道余先生业余六段,得过新英格兰地区本因坊冠军,甚至参加过在纽约举办的世界围棋大赛。据我观察,余先生似乎在学习与上手之间,时间距离特别短,学诗、学戏、学棋、学书都是如此。这当然也让我想起1980年代后期,我还在普林斯顿大学读书时,余先生一度前往纽约与林海峰对弈的往事。

1985年,我从士官学校退伍,准备申请到中研院工作。当时思想史在台湾学术界如日中天,史语所愿意招揽思想史方面的新人,而我也极其幸运地以硕士身份进入这个傅斯年口中的"天下第一所"担任助理研究员。许多年之后我才知道当时的审查者之一,竟是余先生。

我真正有机会近身接触、观察余先生是在1987年到普林斯顿读书之后。可惜在普大的五年中,因为课程太紧张,学期报告太多,每天"夹着尾巴"央求人改英文,居然没有记日记,连仅有的三册上课笔记也沦陷在我的书海中,一时无从翻捡。现在回忆旧事,脑袋一片空白,翻来覆去就是那几件事。胡适说得好,人的记忆倏忽而逝,如果没有一片纸记下来,很快就消失得无影无踪(所以胡适记了几十年的日记,留下了一部宝贵的史料)。无论如何,在那五年半间,我注意到余先生治学的几个侧面。

首先,余先生是随时在打腹稿的人,他仔细审度每一个问题，而且异常地专注。我也注意到余先生读书，似乎字字是立体的，读一句有一句之用，读一段有一段之用，它们牢牢地留在心印之中，故他"引物连类"的功夫特别强。多年前中研院有一位同事写了一篇与钱谦益有关的研究，余先生匆匆一阅，便马上说它与陈寅恪《柳如是别传》中的一个片段相出入。我个人对《柳如是别传》并不陌生，但因为《柳如是别传》的叙述浓厚，每每还有一点枝蔓，所以完全没有把两者想在一起，这是一例。去年我偶然从史语所的"杭立武档案"中见到1949年冬，有封向"教育部部长"杭立武报告的信。信中报告说黄霖生已经到广州劝陈寅恪一家来台。写信的章丙炎说黄霖生已经见过陈寅恪，但陈寅恪"因在铁幕内受片面宣传影响，对赴台深踌躇"。我偶然向余先生提及这封信，余先生马上说陆键东《陈寅恪的最后二十年》中有一段可以与这封信比观。去年我受人之托，传真了一篇《祖国周刊》的文章（凌空：《介绍反共文化运动中的两个学派》），请余先生确认是不是出自他的手笔。不意余先生很快地就回了一封传真，推测作者应该是某某人，而这位先生曾经访问哈佛，做过杨联陞先生座上客，后来未再见过等，把握精确，绝不含糊。

余先生的工作习惯是彻夜不寐的，所以我刚到普大时有几次早上十点上课，觉得他脸色灰黄，有点站立不住的感觉。我也曾针对这一点请教余先生，他的答复是：人是身体的主人，身体听我们指挥。意思是这不算什么。而余先生当时烟瘾正大，在普林斯顿大学时便听说过余先生半夜找不到香烟，驾车到普大附近的WaWa买烟的故事。此外，我记忆最深的是余先生的长夜之谈。余先生熬夜长谈的本领真高，在节日前后，他每每邀请学生与访问学者到家里吃饭，并做长夜之谈。这类长谈往往持续到凌晨三四点，当座客皆已东倒西歪之际，余先生仍然从容地吸着烟斗或纸烟。

在我中学生的时代，台湾正流行一种做卡片的运动。如果我的记忆没错，当时的名称是"中央卡系"，我也受这波宣传的影响，以为"卡系"是一点就通的治学利器。而且一般从事历史研究的人为了辅助记忆力之不足，往往比较系统地做卡片。我就认得一位杰出的经济史家，如果忘了带他的制式卡片，是不进善本书库读书的。因此，我曾好奇地问过余先生是不是做卡片。他说，除了早年为《后汉书》做过一整套卡片外，基本上是只记笔记，不做卡片。而且如果我的观察没错，余先生读书也不太画线，与毛泽东"不动笔墨不看书"至为不同。甚至上讨论课时，也不大记学生报告的重点。好似他的脑袋中有那么几个匣子，有意义的材料会自动存在里面，等他开口评论时，只要依次打开那几个匣子就行了。

余先生撰写《朱熹的历史世界》期间，我一度回母校，为了旅途解闷，余先生曾将一两章稿子交我阅读。这时我注意到文稿中夹了几张废纸,上面零星地记着几个词或引文,我猜那便是他撰写时所依靠的线索。至于余先生撰写短文时,似乎是沉心研玩某些书之后,在脑海中形成几条主要线索,然后将书合起来,绕着那三四条线索,一气写成。在写作的过程中,大概只有必要时才会回去翻检原书。其情其景,可能是像晚明清初思想家陈确(乾初),他说自己详思多少年之后,决定判《大学》为伪经,乃下笔"快写一过";或是像阳明在顿悟良知之后,凭着对经书的记忆,快写而成《五经臆说》。至少这是我读余先生很多精彩的文字留下的感觉。

余先生撰写研究论文时,显示一种海明威"冰山一角"式的表达方法,也就是说他并不像清代考据学者动辄摆出"证佐千百条",他只摆出冰山露出海面的一角,所以需要佐证时,往往是一两条或两三条,其他证据则留在海平面以下。因此,余先生的学术论文读起来一气呵成,没有冗赘之病。而我之所以特别提到这一点,是因为近来由于电子文献数据库的发达,往往一按键就可以得到大量的史料,如果不能割舍,容易出现过度水肿的情形,失去了阅读时的畅快感。

余先生阅读的方面非常广,如蜜蜂采花酿蜜,但大多备而不用。等到要写某一篇文章时,各种资源自然群到笔下,这也还是"冰山一角"式的做法。依我学生时代的观察,他对当代正在发展的人文要籍也非常注意。这中间包括像 Isaiah Berlin、Charles Taylor、Richard Roty、Jürgen Harbermas、Paul Ricœur 等人的书。那些年代余先生飞行机会比较多，坐飞机正是他读书的时候。我记得 Richard Roty 的 *Contingency, Irony, and Solidarity* 一书就是他在从台北飞到纽约时读完的。这样的例子不胜枚举。我手上还留着一张纸条，是余先生托我到普大火石（Firestone）总馆帮他借《重访通往奴役之路》（*The Road to Serfdom, Revisited*）。

余先生极少托我们这些研究生做事，他是所谓的"单干户"。从做研究到写文章，全部一手包办，纯粹农业时代的手工作风，顶多请系秘书帮忙缮打英文稿，但余先生的英文稿是清澈而谨慎的。最近我有机会读到他的一篇英文稿，特地影印了一份，好警醒自己不要满纸鬼画符。

余先生是不碰计算机的。记得他在 2006 年获得有人文诺贝尔奖之称的"克鲁格奖"时，我正好遇到翁启惠院长，提醒他因为余先生是中研院院士，所以应该送一封贺函。过了几天，再度遇到翁院长，我问他送了吗？他说送了。我问用什么方式，他说电邮。我急呼："余先生没有计算机，也不收电邮，您的邮件送到哪里去了？"至今，这还是个谜。

余先生 1955 年离开香港到哈佛，他是带了许多当时华人学界的关怀与困惑前往的，故他到哈佛之后便关心希腊时代、文艺复兴、人文主义等主题。此外，关心余先生早年写作的人,已经注意到余先生在香港时期的少作,都肯定自由、民主、人权等,而且文章最常出现的词语是"思想"、"文明"。但在香港时,他的研究是以社会史为主,即使在美国担任教职初期,仍是以广义的社会经济史为主,后来才逐渐转向思想史。所以我推测余先生早期有一个思想与学术复调平行的发展,后来逐渐归于思想、文化一路。

2007年一篇题为"Clio's New Cultural Turn and the Rediscovery of Tradition in Asia"(*Dao*,2007.6:39-51)的文章,我注意到它似乎是余先生的夫子自道。这里有一点值得注意:余先生身处的时代学术环境中"马克思主义历史命定主义"影响甚大,认为文化、意识是由社会经济所决定,历史是由定律所支配。余先生此后的发展似乎对这类带有决定论色彩,或认为历史有通则的思想进行彻底的反思,强调文化及意义的自主性,同时也强调传统。他说在1955年,第一次读柯林伍德(R. G. Collingwood)的《历史的观念》时,深为其中许多讨论历史知识的特质、开人眼目的篇章所吸引,像一个事件的内在与外在部分,像历史知识是一种对过去思想的追体验,当时觉得比起那时最为当令的 Carl G. Hempel 的历史通则(covering law model)更有说服力。

余先生在文化上有许多主张值得深入探讨。在这里,我只想举一个例子。前面提到余先生从年青时代起,对自由、民主的理论便做了很多讨论。如果我的了解不错，在1950年代，国共政权之更迭，使得究竟是走西方自由之路，或是走社会主义的道路、强调分配上的平等，是相当热门的问题。傅斯年就曾经写过一篇文章说，如果只有自由而没有平等，那样的国家他不愿意住。如果只有平等而没有自由，那样的国家他也不愿意住。他心中比较认可的，是像罗斯福"新政"时期那样兼顾两者的政治。如果我的了解没错，余先生《自由与平等之间》等论述，便与当时思想界渴望得到解答的想法有关。除了自由与民主的讨论之外，我觉得政治哲学家罗尔斯（John Rawls）1993年出版的《政治自由主义》（*Political Liberalism*）中提到的"背景文化"是值得注意的。简单地说，在民主与自由的时代仍需要有一个"背景文化"，否则它们是行不通的。我觉得余先生早年在讨论自由、民主的时候，便与这个"背景文化"的观点暗合，所以他在那个时期的许多文章中都提到中国传统文化。当时他曾经给《自由中国》投过一篇文章，认为提倡自由、民主仍不废儒家文化。但是，这篇文章被拒绝了。因为当时台湾知识界的主流派认为，推行自由、民主就要以清除传统文化的阻碍为前提。一直到近年，我觉得余先生更加自觉"背景文化"的重要。他在"余纪忠先生讲座"以及唐奖汉学奖的座谈中，都强调"人文与民主"，也就是认为丰厚的人文素养是民主政治不可或缺的"背景文化"。

最近我才惊觉当年负笈普大，在系办的走廊巧遇余先生时，余先生正好就是我现在的年龄。那时余先生精神飒爽，名满天下，刚从耶鲁大学的讲座教授转任普林斯顿大学的全大学教授（University Professor）。没想到岁月不居，转眼过了将近三十年了，时光飞逝，不免令人深深感叹。

追忆余国藩先生

大概是1980年，当台湾的戒严局势稍有松动，而国际地位却异常不稳时，设在台大的史丹佛中心介绍了一位耶鲁大学历史系的学生与我认识。当时他正想由欧洲史转向研究中国历史。他每隔一段时间就到我永和的住处，随意讨论一些问题。就在他要离开台湾回美国时，与我相约，如果台湾局势不稳，他会写一封信通知我。但因为当时信件检查非常猖獗，为了避开麻烦，他准备在信中称我为Andrew，然后写一些寻常的事。如果句子后面用了很多惊叹号，那就表示台湾情势危急。如果只是寻常的逗号与句号，表示情势平稳。我从未收到这一封信。三十几年后，这位答应写信的友人早已成了哈佛大学的名教授了。

也就在那一年，我偶然从一份过期的刊物上，看到一篇报道在美华裔学人的专长与工作情况的文章，"某也如何"、"某也如何"，而其中赫然提到芝加哥大学的余国藩是弥尔顿专家，擅长圣经"解经学"，并英译了《西游记》。事实上，是"解经学"这三个字吸引了我。那几年台湾学界正在流行"诠释学"（hermeneutics），几家书店盗印了不少英文诠释学方面的书，而我也追逐流行，读了将近十本，所以对余先生的专长"解经学"感到兴味浓厚。

没想到在那之后不久，《中国时报》副刊《人间》主编高信疆先生告诉我芝加哥大学的余国藩教授回台北，问我有没有兴趣与他在忠孝东路的总督西餐厅吃饭。这一次饭席，我们谈得非常愉快。似乎在来年（1982），余先生又到了台北，这一次他是回来奔丧，我才知道他父亲余伯泉上将刚出殡。余先生约我到家里谈。我记得当时余宅是在一个路冲之地，在地理师看来这是个非常不利居住的地方，大概也有人指出过这一点，所以正门上挂了一个太极镜。

就在这个老宅中，余先生与我谈了一段他家的经历[记得那时他手上正拿着一本 Edward Shils（1910 – 1995）的 *Tradition*]。余先生告诉我，他的祖父是余芸，1905年废科举时，余芸的父亲告诉他说本来准备了一笔钱要栽培他考科举，但是现在科举废了，准备用这笔钱送他到美国留学。余芸遂搭船赴美，当船到达苏伊士运河时，才惊觉是搭乘了往英国的船。到了伦敦之后，他去英国公使馆寻求协助，表示想上大学堂，使馆的人告诉他这里有名的是牛津、剑桥两家大学堂，但入学得考试。

余芸遂请人补习数学及拉丁文，成功进入牛津大学就读,毕业后回香港曾任"教育司署高级视学"。余国藩先生的父亲后来进入剑桥大学就读,擅长击剑,曾经在英国女王面前献艺(1983~1985年,我在陆军士官学校服役时,有一位老中校便告诉我,余伯泉在金门当副司令官时,常见到他傍晚时在司令部空地上击剑)。余伯泉剑桥毕业后,进入英国皇家军校学习,后来回国参军。

余国藩先生曾经告诉我,1950年代初,他的父亲担任"国防部"总联络官时,他正在台北美国学校读书,孙立人当时可能已经被监视,所以他的父亲有时要与孙立人联络,还得差他骑脚踏车到孙家。余先生接着便到美国读大学,这中间有什么曲折我记得不大清楚。总之,后来他到芝加哥大学神学院就读,并在芝加哥大学教书,一路升到教授。余先生告诉我在这个过程中,一位日裔的神学院院长对他提掖甚多。

在这几次见面中,余先生谈得最兴奋的是道教与《西游记》。在1970年代后期到1980年代初,我因为受了陈寅恪、陈垣及其他史家的影响,花了一段时间读与《道藏》有关的考证文章(尤其是王明、陈国符等人的文章)。在谈及《道藏》时,我居然还能答得上话,这可能是余先生后来还愿意与我陆续谈论学问的缘故之一。

1986年,我开始申请出国时,余先生帮我写过一封推荐信。当时推荐的依据是《章太炎的思想》一书以及我们平常的谈论,后来我告诉他被普林斯顿录取时,余先生给我写了一封英文长信。

过去三十年，我经过几次搬迁，一时找不着这封信了。但我清楚记得信中的几句话，他说到了普大之后首要向余英时先生问学，此外，还应记得向几位知名的史学家请益：Lawrence Stone、Natalie Davis、Peter Brown、Robert Darnton，如果我记得没错，名单中似乎还有 Arthur Link。他说不久前《纽约时报》有一篇文章，标题是普林斯顿大学历史方面世界第一。我也因为这一封信，才开始注意前四位史家的著作，并尽量搜读。

到了普林斯顿大学的第一周，我就照这张名单找上了 Davis Seminar。因为那一天的主持人是 Lawrence Stone，而报告人是 Natalie Davis，报告题目是她后来出版的书：*Fiction in Archives*。我当场就闹了一个大笑话——当我闯入坐满人的演讲厅时，发现一个位子空着，遂一把坐下。等活动开始才知道隔壁是主持人 Lawrence Stone，那个位子之所以空着是因为没人敢坐，更要命的是 Stone 转头要我自我介绍时，我居然没听懂。

这封长信是我们书信往返的高峰，此后因为留学生活忙碌，"救死之不暇"，也就疏于与余先生通信了。这中间余先生曾来普大开过一次会，后来他还寄过一批论文抽印本给我。

如果我记得没错，我们最后一次比较长的见面，是十四年前，我在"国科会"人文处处长任内，因公到芝加哥访问。记得他约我在作家协会的俱乐部吃饭,他说因为翻译《西游记》,所以得到推荐成为作家协会的会员。

那一次谈话的内容记得不太清楚,只记得两事。第一,他告诉我"这些年真是大丰收啊!"我原以为他写成了一部大书,没想到是有多位学生完成博士学位论文,而他对这些论文感到满意。另外,这时他刚当选美国艺术与科学院院士,他调皮地告诉我,为了评估一下他在院长心中的分量,他特地向院长表示希望学校出到波士顿(美国艺术与科学院所在地)的来回机票,结果,院长答应了。我们最后一次通邮是前年吧!我代表一个基金会邀请他担任委员,他的回答好似说他正在与心脏病奋战,实在没法分心担任这个工作。

最后,我想综合一下我对余先生的印象。我觉得在三十多年或断或续的来往中,余先生始终诚挚爽朗,对年轻人始终是赞许、鼓励。他是一个视学生如性命的人,我虽然不曾做过他的学生,但身为后辈,也多少体会到这一层。

谨以此文纪念他。

回忆牟复礼先生

牟复礼先生的回忆录（*China and the Vocation of History in the Twentieth Century：A Personal Memoir*）出版之后，我一直觉得应该有人郑重加以介绍。不久前终于在《东方早报·上海书评》上看到了一篇，内心相当高兴。

我并不是牟复礼先生的学生，我到普林斯顿大学读书时，牟公已经退休，此后他每年冬天会回到普大一段时间，其他时间大多在他的故乡科罗拉多一处山谷中，所以我与他相处的时间很少，加上我不喜欢敲门找老师，那么我们就只是偶然在走廊、停车场和系中的交谊厅相遇了。

牟先生酷嗜古典音乐，就在他每年像归鸟般开车来往于科罗拉多与普林斯顿时，有一回车子滑入一个小山坳，但牟老先生仍坚持听完某一个精彩的钢琴弹奏的段落，才下车处理这个小危机。

西方大学研究室的空间很珍贵。有一年我到芬兰研究院参观，没想到管理阶层反复强调的管理工具就是经费与空间，而且随着研究人员每年的研究表现伸缩其空间，这不得不使我想起福柯的"权力与空间"之说了。牟先生退休之后，只能屈居在一个小房间，似乎还是与人合用。我就记得非常清楚，有一回见到Jansen老师的一位老学生在他的研究室谦慎地请教着，过了没多久，Jansen退休，那位学生接了他的教席、接走了研究室，Jansen当天马上搬到地下室多人共享的研究室。

我从未进过牟先生那个小房间，但牟先生知道我正在写傅斯年，有一天突然在我信箱放了一份几十年前的小刊物，牟先生提醒我注意其中一篇很不引人注意的短文，似乎是说洪承畴的后人到李庄史语所，傅斯年表示，洪承畴的后人是不可以进史语所的。

《春秋》说"九世仇必报"，但是对研究历史记忆的我而言，这条古训并非天经地义，事实上历史记忆能维持个两三代就已经不得了了。那么，傅斯年何以在近三百年后还坚持这一点，当然有非常复杂的个人价值信持及整个社会文化的背景。

我与牟先生谈话不多，能记起来的只有几回。有一次我们都在"壮思堂"（Jones Hall）。这个"壮思堂"大有来头，因为过去数学系就在这里，所以爱因斯坦也常在这活动。电影《美丽心灵》中，纳什（John F. Nash）一开始听系主任训话，讲到冷战时期数学家应有的报国之道的那一幕，就在"壮思堂"。当我们坐候演讲者到来时，一位老同学问我，应该先熟读一手史料，还是先熟悉二手研究？我不假思索觉得应先沉浸在一手史料中。不意五六尺外的牟老先生听到了，马上表示不同意见。他大概是说如果不先熟二手史料，则一手史料的意义将会不清楚。

在我毕业回到台湾之后，牟先生居然给我写过几次信。由于我的疏懒，未曾系统收存长者的书信，所以现在也无从稽考其内容。只依稀记得有一两封信询及史语所老辈在1949年前后的思想状态。如果我记得不错，有一封问到王崇武先生。王崇武是牟公在南京大学时期的老师，据说是在一次酒席间，问到谁可以指导牟复礼时，王先生因不善言辞，来不及推辞，所以就被大家指派了。牟公来信问我说有一些文章提到王崇武在1949年之前思想早已相当左倾，他想确定此事。我当时急持信函请教史语所唯一尚在的李庄老辈黄彰健先生。黄先生不敢确认此事，他只告诉我据说王从英国回来之后，与所长傅斯年先生大吵一架。

牟先生貌似严肃，其实温和，而且语气中总带着鼓励。我从美国毕业重回史语所之后，有一次突然收到他的信，其中提到说，记得有一次在停车场你问我"您还在译萧公权先生的《中国政治思想史》吗？"（牟先生英译的上册，在西方许多人奉为治学津梁）信上接着说，"正因为你关心，所以我还在做这件事"。

我从普大毕业之后，有十年之久不曾重履校园，更不用说去科罗拉多拜访老先生了，但每次想到他在科罗拉多一个不知名山谷中的孤灯下，就勾起小时候对美国西部民谣的回忆。现在回想起来，我与牟先生只通过一次电话。2003年我正负责史语所的所务，每年要开一次会推荐"傅斯年讲座"，在那一次会议中大家很快就想到牟先生，以牟公在西方汉学界崇高的地位，这个荣誉是当之无愧的。于是我承全体委员之命打了生平第一个电话到科罗拉多。牟先生很高兴地表示感谢，但又委婉地表示"体中不佳"（当时似患重感冒）。牟先生并未明白拒绝，但我已听出他委实不能前来的意思。

牟先生故逝之后，台湾的普林斯顿校友还在中研院开了一个简单隆重的追悼会。如今牟公已故逝十年，我常望着他晚年的巨著兴叹。这样一本耗尽牟公晚年力量完成的巨著，竟然因为篇幅太大而无缘成为西方近世中国历史最风行的读本，实在太可惜了。在牟公故去之后，牟夫人及他的故人也曾想将牟公的藏书送给史语所，我曾表示竭诚欢迎之意，后来考虑到这一批书对中研院用处较小，对美国大学则意义甚大，所以终究留在美国，未像杜希德先生的文库，在南港与我们晨昏相伴。

记杜希德教授

杜希德（Denis Twitchett，1925－2006）教授是我在普林斯顿大学读书时期的老师之一。我与杜希德教授的初晤是在 1987 年，但是在此之前，我早已知道他的名字，并且注意到全汉昇先生有一篇评论他唐代财政制度的文章，文章中称他为崔维泽。① 后来到了中研院，那里有多位杜希德先生的学生，常常谈到他。印象中，普林斯顿大学能把他从英国剑桥大学挖来，是一件盛事。据说光是运来的书便有若干吨，其中最令人注目的是大量装订考究的博士学位论文。

我本来没有资格写杜老师。我认为想了解他的人已经有一些文章可以参考了，尤其是他早年在剑桥指导的学生麦大维（David McMullen）为英国学术院刊所写的院士传（"Denis Crispin Twitchett，1925－2006"），David Wright 教授的 "Professor Denis C. Twitchett and his Books"，赖瑞和

---

① 全汉昇：《评崔维泽教授对于唐代财政史的研究》，《中央研究院历史语言研究所集刊》第 36 本下册，台北，1966，第 427～434 页。

教授的《追忆杜希德教授》，以及陈珏教授所写的《杜希德与二十世纪欧美汉学的"典范大转移"》。章学诚说他为人作传，凡是一般传记中会提到的官职履历都尽量略去不写，只写能显示个人独特性的部分。章学诚的话有一个前提，即执笔者对于传主已经有比较全面的了解，然后做了抉择。但我实际上对杜公的整体了解不够，故这里只写一些我与他个人的交往。

1987年夏天，我向中研院史语所请假到普林斯顿大学读博士，大概是开学后不久，我去拜访杜希德教授，他的研究室原来是爱因斯坦的办公室。杜希德先生说物理学家、数学家不需要书，所以他搬进来之后发现书架太少，远远不足以应付所需。杜先生声音沙哑低沉，但是态度比我想象的和善。我记得他的第一句话是说："你出版的书已经比我多了。"我在廿几岁时不知天高地厚写了两本书，当时杜老师的《唐代的史学》（The Writing of Official History under the T'ang）一书尚未出版，所以他开此玩笑。我记得那天谈完辞出前，杜先生告诉我如有需要他愿意替我改（英文）文章，我大概没能完全了解他的意思，他补充说他改过许多人的文章。当然，杜先生在1967年（42岁）便已当选英国学士院院士，从任教剑桥大学时代开始，他已是欧洲汉学界最重要的领袖，几乎与美国的费正清分庭抗礼。他手上除了《剑桥中国史》这个大工程之外，还有 Asia Major 这个重要刊物，他每天不断地改、删各种文稿。

他居然也愿意为我改英文,这对我这个初踏上美国国土的博士生来说是不可思议的。

大概是在那一次见面,他告诉我他有两度差点成了陈寅恪的学生。第一次机会是二战之后,英国牛津大学拟聘陈寅恪前去教书,并英译《唐书》,陈寅恪后来因眼疾未能就聘。第二次想到中国留学,却因国共战争恶化,不能成行。所以杜希德先生受日本汉学界的影响较大,尤其是仁井田陞等人。在普大五年半,我似乎只上过杜先生一门课,另外旁听过一门他给大学生上的课。我印象比较深的是,他讲课时不但没有大纲,连一张阅读书目都没有,最多是一张纸片,上面写几行字。他习惯一面讲课,一面看着掌心,使我一度怀疑他是不是把大纲写在掌心上。当时一位从哈佛转来,后来又转回去的同学告诉人家说,普林斯顿那几位老先生上课居然连张 syllabus 都没有!

杜希德先生学地理出身,地理始终是他的嗜好。他曾经与人合作为英国泰晤士报编过一部《中国历史地图》。我觉得他讲课时,习惯于空间式的思考。他每每以空间鸟瞰的方式在讲历史的变化,而比较少拘泥在复杂的人物政事中。从他为研究生所开的讨论课中,我知道他手上有若干文稿仍在反复改定中,从纸张的颜色可以看出它们有的可能已经有三四十年,其中包括《资治通鉴》唐代部分的英译、元白诗的英译等,希望杜先生的后人将来可以特别注意这方面的文稿。

杜先生治学以严谨著称，行文则"心狠手辣"——我可以猜想他在文章写成之后，一定是大勾大抹，删去不特别必要的片段，使整篇文章读起来更有筋节、更为饱满。

杜先生的心灵似乎既坚定又敏感。一般来说，坚定的人不敏感，敏感的人不坚定，但他似乎兼具两者。学问上如此，平时亦如此。有时候一两句无心的话，他也有相当敏感的猜测。但是他在决定事情时，又异常有主见、异常坚定，如大英帝国的军官。

我读他的若干篇文章，觉得他很擅长于把握全景，然后将一些碎片，不管是新发现的或过去不为大家所留意的，巧妙地嵌入，并得到一个新的层次的融合与意义。不管是使用敦煌文书或水下沉船的新史料，他都展现出这样的特质。

他的论著新见层出，譬如他说范仲淹"先天下之忧而忧，后天下之乐而乐"可能受到佛学的影响；又如他说《贞观政要》中君臣议事的平等风格，多少反映了草原游牧民族的性格；等等。我常常在读完之后，莞尔一叹，感受到他敏感的心灵驰骋于史料之间。

如果我的感觉不错，杜希德先生有一段时间深受社会科学的熏陶。我读他有关唐代市场方面的文章都有这个感觉，且他对史料的敏感也令人印象深刻。记得有一次，我们谈到《刑案汇览》这一大套书。我个人很重视从里面钩稽地方史事及地方社会民事风俗之形态，他说还应该注意地方的社会网络，譬如可以从各种案件中看出嫁娶的地理范围。多年以后，我的老同学 David Wright 教授告诉我，他在翻看史语所傅斯年图书馆的杜希德藏书时发现一套批注甚多的《刑案汇览》，但不大像是杜希德先生的笔迹。无论如何，我们可以推测他对发掘刑法史料的各种层次的意义，始终是相当关注的。

杜希德先生反对过度理论性的放言高论的历史著作。Mark Elvin 在 1973 年出版了一部名著《中国历史的形式》(*The Pattern of the Chinese Past*)，这本书提出一个"高度平衡的陷阱"的理论，用来解释中国历史发展停滞的原因，引起极大的关注。但是当时《泰晤士报文学增刊》(*Times Literary Supplement*) 上却出现了一篇毁灭性的书评。多年以后，我们才知道那篇文章的作者就是杜希德先生。由这篇书评，我们清楚地看出他所欣赏及所反对的治学风格是什么。

犹记得在一次讨论元白诗时，他突然用手敲起诗中的节奏，这是我首次注意到他在音乐方面的修养。直到后来我才知道杜希德先生钢琴造诣相当高，晚年在剑桥的工作之一是教孙女钢琴。他这方面的才华与偏好，正好表现在他一篇讨论唐代诗与音乐的论文，题目是《论〈旧唐书·音乐志〉》("A Note on the *Monograph on Music* in *Chiu T'ang Shu*")。

由于家父很严，所以我自幼以来对于长辈基本上都是采取"敬而远之"的策略。在普大那五年半，除了上课之外，我极少再造访杜老先生。很难得的一次闲谈，发生在1990年我欧游回来之后。在系里的一次聚会中，我无意间说了一句："牛津看起来似乎比剑桥更古老。"没想到剑桥出身的杜先生说："牛津只是没钱剪草罢了。"害得我只好摸着鼻子走开了。

但在我答辩完论文准备回中研院前，曾经鼓起勇气敲他的门，告诉他我即将回台湾了。在那次谈话中，我们谈到《剑桥中国史》。我知道在过去几年中这个大计划遇到许多困难：有时候是约来的稿子不合用，有时候是约的文章逾期多年未到，而已经到手的文稿却已经过时了，以至于这套大书实际出版的册数远远不如预期。杜先生不无玩笑地告诉我，他一生最后悔的事恐怕就是编《剑桥中国史》了。他说如果是由他自己写，也要写出这么多册了。此外，他居然问我："你介意我为你的博士论文找一家出版社吗？"在西方的学院里，这是最慷慨的提议。

多年以后，我有机会与一位杜先生在剑桥教过的老学生长谈，我说实在不了解为何唐史权威杜希德居然未能编成《剑桥中国史》唐代的部分。他的回答带一点开玩笑，他说："杜希德老师可能认为大部分篇章最有资格撰写的人是他自己。"他也回忆杜老先生教导学生阅读史料时的严格态度，他说："到如今，每当我阅读史料时，仍然觉得杜老师从肩后盯着我！"

1996年杜希德老师前来史语所担任"傅斯年汉学讲座"时，曾经在中研院的学术活动中心住了二十多天，南港连绵不断的阴雨，着实让他吃了一惊。据说他回到英国之后对人说，没想到世界上还有比伦敦更阴雨不定的地方。在这次廿来天的时间，我有两三次机会和他聊天，其中有一次大概问起为何他当年离开剑桥大学远赴美国，他依稀提到几点：第一，因为英国是讲座制，如果他不离开剑桥，其他人上不来；第二，他的行政组织才干已经被注意到，再不走，剑桥说不定要委以行政重任。但是最重要的是，编纂《剑桥中国史》需要大笔资金，而撒切尔夫人的时代学术经费不裕，"当需要一只回形针都要乞求时，还能不走吗？"

搬回剑桥的杜老师，全力清理《剑桥中国史》的编务。在那些年，除了贺卡之外，我们几乎不曾通过信。但是我的老同学David Wright教授则是他电子邮件的常客，甚至曾寄宿在他家一两个晚上。有一次David发现他的祖上与查理曼大帝有关，他非常兴奋地用电子邮件通知杜老师，也很快地收到回答："陛下，我已经没办法再更尊敬您了！"

我曾在2001年随着"国科会"英国访问团之便，亲访中风后逐渐恢复的老先生。居间联系的驻英科技组组长相当困惑地问我，为什么老先生几次来电更改见面时间，最后似乎是订在下午二点四十五分之类的。多年之后，我曾请教了他的两位公子，他们也说不上来。不过他们认为那是他父亲中风之后，极少数几次在家见客。就在我们告别杜府时，一向予我严肃之感的老先生突然抱了我一下，说："你已经写了一本英文书，你还应该写第二本！"没想到那是我们最后一次见面。

我对杜先生隐居岁月的著述情形了解不多，只知道他写过几篇长文，也回普大做过几次演讲。在这些著作中，我倒是特别注意到 2002 年他在 Asia Major 上发表的有关印加沉船银锭的研究：《沉船遗宝：一艘十世纪沉船上的中国银锭》（"Chinese Silver Bullion in a Tenth – Century Indonesian Wreck"）。

犹记得 2007 年我还在史语所担任所长时，为了帮忙推动台湾的水下考古，曾经到桃园芦竹海边一处训练潜水的基地为水下考古人才培育训练课程做开训致辞。当时我便把这一篇长文作为讲话的材料，说明水下考古可能有的学术贡献。我提到杜希德先生在这篇文章中，展示出丰厚细致的五代史知识，将沉银由湖南到广东的交通网络串联在一起。此外，他还论及黄巢与唐宋五代广州社会、中国与南海网络之形成及运作方式等有意义的问题。如果没有水下考古所得的这批沉银，若干丰富的历史意涵便不可能被了解。

杜希德老师于 2006 年病逝。我很感谢他的两位哲嗣，在他们的父亲故世之后，决定将藏书捐给史语所。为了这个捐赠，我除了请余英时老师以毛笔亲题"杜希德文库"之外，还请了与杜先生比较亲密的 David Wright 教授写了一个小册子，缕述他的生平。在主持文库开幕时，我注意到除了藏书之外，还有一批笔记本、卡片、书信及审查报告。这批笔记（包括上仁井田陞课的笔记）字迹工整、精密，一如杜希德先生的文风。至于那一批打字的书信及审查报告的处理，着实费了我们一番心思。

以杜希德老师生前的地位，他所经手的审查、推荐，简直不可胜数。我原先并未注意到这批书信和审查报告的内容，直到一位来访的美国教授提醒了我。她说杜希德教授的推荐信及审查报告，一向以严格公正著称。因为严格公正、秉笔直书，所以下笔有时是很凶的。她说老先生已经过世，书信开放对他不构成问题，但是"如果有人在傅斯年图书馆浏览时，读到关于他自己的推荐信或审查报告时太过惊讶而昏厥在地，可怎么办！"经过再三考虑，我们决定将之暂时封存。

杜希德藏书中还有一大批自著、书及论文抽印本。我很早就知道杜先生不爱送著作给人，所以有大量的抽印本留下来。我要行政人员打了一张目录，请需要的同仁勾选，并且整理出几套，有一套自存，有一套在我卸任所长那一天送给陈珏教授。陈珏教授是杜希德老师晚年的畏友，经常电话联络，也是催生剑桥文史丛刊中译本的人。我提到我们应该为这批抽印本做点什么，陈珏决定组织翻译部分论文，也就是我们未来将看到的《杜希德文存》。

1996年，杜老师前来担任"傅斯年汉学讲座"时，我曾在酒酣耳热之际提议将 *Asia Major* 移到史语所来，没想到当下杜老师及杜正胜所长同时点头，这个他一生最重要的刊物便转到史语所来了。如今，杜老师的藏书也正在傅斯年图书馆静静地躺着。在我与杜老师二十五年前的初晤之后，没想到竟能在南港中研院随时亲炙他的两宗遗物，不能不说是佛家所谓的"缘"啊！

（原载《东方早报·上海书评》2013年12月1日）

回忆马里厄斯·詹森（Marius Jansen）老师

我一直想模仿黄宗羲的《思旧录》写一本小书，回忆昔日的师友。尤其是近年来，当老师们一个个从教学或人生的舞台引退，这种想法就变得愈来愈强烈。半年前与一位任职英属哥伦比亚大学的老同学重逢，赫然觉得应该有一篇小文回忆我们在普林斯顿大学念书时的日本史老师——马里厄斯·詹森（Marius Jansen）。詹森老师已于2000年病逝，在老师故逝十几年后，我才写这篇短文纪念他，觉得相当惭愧。

我到普林斯顿大学念书之前，已经知道詹森教授的大名了。他是当时英语世界最有名的几位日本史大家之一，甚至有人不无夸张地告诉我，在赖世和（Edwin O. Reischauer）、霍尔（John Hall）之外就是他了，而当时赖世和已经过世，霍尔年纪非常大。受了这种影响，我下定决心，到普林斯顿之后要跟他读一两门课。

严格说来，我与詹森教授并没有什么私交，有的只是课堂上的来往，而且我在他课上读过的几十部英文的日本史著作，现在也忘得差不多了。所以在这里没办法多谈他的学问，只能记录几件我与詹森教授之间的小故事。

在步入詹森先生的课堂前，我对日本史所知极少，而詹森先生每周指定阅读的英文书分量之重，简直令人喘不过气来。我曾经稍稍计算过，以我的英文阅读速度而言，整个礼拜不吃不喝不睡，也不可能读完他指定的功课。后来才慢慢发现，其实也没有人真正从头到尾读完。

詹森先生会对我有较深刻印象，似乎是因为两件事。首先，学期开始没多久，我们读了荷兰东方学者高罗佩（Robert Hans van Gulik）的一篇翻译，译的是日本幕末思想家盐谷宕阴（汉学家盐谷温的父亲）的名文，我一看便觉得文末一段必有误译。那一段译文大概是说该文写于强大的敌人正从荒野的边疆入侵之时，我看了一眼附在上面的汉文原文——"强圉大荒落"，知道是出自《尔雅·释天》，真正的意思是该文的写作年代。我的话一出，詹森先生大为吃惊，他说多少年来课堂上从未有人指出这个错误。我记得他还加了一句："高罗佩可是荷兰东方学的巨人啊！"

另外，我可能是少数几个真正把指定功课读个六七成的学生。老师总是喜欢用功的学生，因此我也在老先生那里留下印象了。记得学期末系务会议散场之后，在走廊遇到一位先生，他说："老先生很喜欢你呢。"

自从"强圉大荒落"之后，詹森老师几次碰到这方面的问题时，竟然都会询问一下我的意见。当时詹森老师正在主编《剑桥日本史》，那是西方日本史学界最重要的一件工作，作为主编，他偶尔会出现在葛斯德图书馆查对一些细节。有一次他拿了一堆校样，紧张地在参考书室翻查，大概不久便要付印了，但是剩下一个名词，只有拼音，汉字始终注不上去。我正好走过，他焦急地出示那两个字的拼音，我马上用铅笔写下"乍浦"两字。我根本不知道正文的脉络是什么，只是胡乱下判断。我的判断当然也有那么一点点根据，因为我知道幕末的日本政府非常焦急地想知道中国鸦片战争的情况，好对白人的入侵有所准备，所以一些与鸦片战争有关的书便流入日本政治菁英之手，其中有一部是《乍浦集咏钞》。但是因为我只是临时起意乱说，所以一再提醒詹森先生"这还不确定，还要再查！还要再查！"没想到老先生说："就是了！就是了！"

詹森先生的课规划井然，指定阅读多，期中报告也多，批改报告非常精细，但是上课时又都是学生报告，他的话很少，通常只是点到为止。但这几句点到为止的话，往往就足以使我们这些身陷史实重围中的学生顿时眉目清楚起来。

我还记得有一次我们读了一本关于明治以来历史的英文书，我们报告完之后，老先生说了一句："我觉得它写得太简洁了。"这句话代表一位宿儒对历史复杂性的深刻体认，对于太过简洁的历史叙述感到不安。

詹森先生著作极丰，其中似以《坂本龙马》一书最为风行。我后来每每问到日本学者，他（她）们也多知道詹森先生的《坂本龙马》，我直觉这部书中深刻复杂的程度，与前面提到的那本小书是个明显的对照。

前面已说过，对于日本史我是个门外汉，每次交报告，我都花尽力气去拼凑，想不到竟然还能得到他的称许。我自己的解释是一个新手闯入一个他不熟悉的园地，偶尔也能提出一点新看法。当然，这可能也是他有意无意之间要鼓励一下学生的意思。受了这些鼓励，我也曾经答应他将来有机会或许还会做一点日本史的研究。但是我从来没有实践上述的诺言，而詹森教授的注意力主要当然放在那些日本史专业的学生身上。除了有一年五四，突然收到他远从美国寄来的短函之外，我们音讯全断了。

我从普大毕业之后，有七八年之久不曾再到过美国，直到1999年冬天才又回到母校。我在图书馆打了一个电话，接听的正是詹森老师，我自报名字之后问他"您还记得我吗？"他说"当然记得"，于是我与陆扬一起登门拜望。我们人还未到，老先生已经站在阳台上瞭望了。

在短暂的对谈中，我知道他被选为日本学士院的外籍会员（院士），这是一项莫大的荣誉（他得到过日本天皇的文化勋章）。詹森夫人还问我，你曾经在路上开车与参议员相撞？我说不是，但是我确实闹过一件与车子有关的糗事。

有一天，我下课到停车场准备开车时，发现车子不见了，以为是违规停车被校方拖吊，但是到校警处查问，他们却神秘地笑称绝无其事，于是校警代我报警。然后便进入一个停都停不了的程序，一环扣一环，只见那位前来处理的警官拿起无线电，一下子通报高速公路拦检，一下子通知地方巡逻车，可是当他定下神来问我车型及年份时，突然说了那么一句："这个地方没有人要偷那种车子！"折腾半天之后，才发现是内人因急需用车，过来把车开走了，她在图书馆我的座位上留了一张纸条，但我没看到。这件糗事一时腾为笑柄，没想到老夫人也略有耳闻，只不过是张冠李戴了。

如果我的记忆没错，当时詹森先生正在写他一生最后的一部巨著 The Making of Modern Japan，因为视力太差，他买了有放大屏幕的计算机紧张地工作着。我后来才听说，就在新书送到他手上的一个礼拜左右，詹森先生便辞世了。我觉得这是一位终生孜孜治学的大家最合理的生命结局。

一直到老人家逝世多年之后，我才偶然发现以前完全误解詹森教授的政治立场。不知道受了什么影响，我对常春藤盟校中打蝴蝶结的老先生们有一个先入为主的成见，认为他们大概都是偏向保守的共和党党员，詹森教授就是常年打蝴蝶结的人。直到几年前，偶然与一位朋友聊起，才知道他是一个坚定的民主党党员。原来卡特当选美国总统时，他曾经被通知将出任驻日大使，如此一来，他便是继哈佛的赖世和之后,以日本史权威出任驻日大使的另一人了。据说詹森老师买了一双相当昂贵的外交官皮鞋准备上任,但华府人事多变,后来卡特改派他人出使,这双皮鞋便被冷藏起来了。

近来我常在想老师与学生之间的关系,实在有如"月印万川"。对于"月"而言,任何一条河川,只是千千万万条河川之一;但对于万川而言,"月"就只有一个。我只是师长们所教过的无数学生中的一个,我不可能对他们有过任何影响,但他们却在我身上烙下一些印痕,长长久久。

学术需要时间和自由

访谈　李怀宇[*]

中研院历史语言研究所是我赴台访问的重要学术机构。所长王汎森先生在中研院对我相助良多,也热情带我同赴台北市的台湾大学、台中市的中兴大学、中坜市的中央大学,一路引见学界朋友,畅谈甚为投机。

赴台前,许倬云先生向我提起:"王汎森是余英时的学生,我们都喜欢他。现在已经不凡了,将来会成大器。"我和王汎森先生第一次见面,便由他邀与陈永发先生共进午餐,话题中心是余英时先生和许倬云先生。

那天,我们谈起2009年5月5日逝世的高信疆先生,不胜唏嘘。王汎森在十七八岁时投稿给《中国时报》的《人间》副刊,见报后,《人间》副刊主编高信疆请他吃了一顿饭。多少年后,王汎森与高信疆成为挚友。高信疆当年可谓"纸上风云第一人",以《人间》副刊为舞台,策

---

[*] 《时代周报》记者。

划了一系列文化活动,轰动岛内,对1970~1980年代的台湾文化发展有不可磨灭的贡献。高信疆主持的《中国时报》副刊与痖弦主持的《联合报》副刊,势均力敌,相激相荡。王汎森回忆:"我弟弟常常回忆说他在高中上学的路上捡到一张人间副刊,看后觉得内容很丰盛,现在完全没有这种感觉了。高信疆当时联络了一大群在海外的学者,像余英时、李欧梵、杜维明、刘绍铭的文章常常出现在副刊,这对台湾文化的多样性和活泼性有很大的影响。高信疆有三本厚厚的本子,写满了海外学者的地址、电话,当时大家都觉得那是他的秘籍。"

王汎森回忆当他在台湾大学历史系读书时,台大历史系老辈凋零,一般学生似乎也不大了解教授学问的深浅,他记得李济先生最后一次在台大演讲,系里还得要拉人去听。逯耀东先生教近三百年学术史,王汎森很少听课,有一次交完期末考卷出来,逯耀东尾随出来说:"你就是王汎森!"并说了几句鼓励的话。原来他看过王汎森的学习报告,但没有见过王汎森来上课。逯耀东以写饮食名世,王汎森记得:"逯老师对吃非常有兴趣,他有一次上课谈到大陆新出的食谱,感到猪油用得太多——因为人们太久没有吃到好东西。"

王汎森在大学时代遍读钱穆先生的著作,曾到素书楼听讲,却不大听懂钱先生的口音,有一件事倒是印象深刻:"当时南美有一位总统访问台湾,三军仪队及乐队在机场欢迎他。钱先生认为现代人这种仪式不合古人之道，说是带一群狼狗去欢迎人家——因为仪队是带枪的。""我还记得那时钱先生还抱怨现代人出国要办护照，他说孔子周游列国时都不用带护照。"

读台大历史系时，正是台湾政治将解未解之际，王汎森说："当时我亲近的老师，都是言论倾向民主自由的先生。那时知识分子的目标很清楚，就是民主自由，大家都批评当时的威权政治。"

王汎森说读书时经常到台大文学院图书馆借书，让他感兴趣、认为可以解答心中对现实及文化问题困惑的书，打开一看，往往上面常有"海光藏书"的印记，那是殷海光故逝之后捐给台大的藏书。虽然没有机会亲炙殷海光的教诲，但是"图书馆的大量藏书给我开了一扇窗，那里有一个世界比我所处的世界要宽。那时台大学生在课内所学的远远没有课外学得多，风气很自由。党外杂志雨后春笋般出现，许多年青人受到影响，渐渐挣脱了国民党的意识形态"。

台大历史系硕士毕业后，王汎森进入中研院历史语言研究所工作。史语所有"天下第一所"之称，曾经孕育了许多中国现代学术界的重要人物。王汎森常开玩笑说，如果碰到一个学术问题，在走廊上问，问第一个人他可能不知道，问到第二个、第三个，一定会有人知道。

当年留学美国是台湾的风潮，王汎森在担任历史语言研究所助理研究员两年之后，前往普林斯顿大学攻读博士，指导老师是史学大家余英时先生。王汎森在普林斯顿度过了一生最为难忘的读书生涯，在余英时先生的言传身教之下，进入新的境界。

从普林斯顿学成后回到史语所，王汎森很快被公认为台湾史学界的新星，成为史语所所长和中研院院士，在行政事务与学术研究之间游刃有余。

在中研院史语所所长室，显眼处便挂着余英时先生的书法。我们多次闲谈，多是学界的趣闻轶事。谈到史语所早期的发展，王汎森说史语所人才济济："那一代人的精彩，在于他们以全部学问支持一种学问。他们在各种文化里受过陶冶，以众部支一部。学问必须是以众部支一部才能显出精彩。我刚进史语所时，九十岁才是老一辈，七八十岁是中年一辈，四五十岁是少年，而二三十岁是幼稚园。每次去参加所里的讲论会都很紧张，那些坐在前面的老先生什么都知道。那时中研院比较简单，有个同事在报纸上写了一篇科普方面的文章，结果收到吴大猷院长一张纸条约他见面。吴院长一见到他就说：你是某某某，你写的文章太幼稚了。"

谈到华人世界中无数学人最好的光阴浪费在运动里，王汎森不无感慨："我记得1980年代有一次听傅聪弹钢琴，在后台休息时有人问他：你喜欢什么运动？他听错了，说：我怕运动！"我说："有一次张五常请刘诗昆到香港大学弹钢琴。香港大学校长王赓武听后说：'文革'究竟浪费了多少天才？"王汎森说："时间最重要。光有研究经费不够，要有充足的时间和自由，人文才可以提升。我觉得亚洲的学术界，都在僵硬的指标下激烈竞争而剥夺了学者的时间。而且太多审查、评鉴，以为学问是可以从此刻预测的，这里面不留下一点雅量和空间。真正有价值的学问是没有地图的旅程。"

有一晚，我和王汎森先生在台湾大学门口的小馆共进晚餐，所谈人物多是王汎森的老师辈。最后的话题中心是他的文章《天才为何成群地来》。王汎森认为：凡是一个学派最有活力、最具创造性时，一定是一群人不但做着"白首太玄经"的工作，同时不拘形式地围绕着一两个中心人物自由地交流、对话。以赛亚·柏林（Isaiah Berlin，1909－1997）是经常社交宴会的英国思想家，当时英国很多人担心过度频繁的社交生活会影响到他的学问，但实际上，那常常是他萌生新想法的场合。有一次，他与牛津巴利奥学院的古典学家谈论古昔才子的类型时，这位学者告诉他，古希腊诗人阿尔基诺库斯有一段残句："狐狸知道许多事情，而刺猬只知道一件大事。"后来柏林研究托尔斯泰的历史观，发现作为小说家的托尔斯泰，有细微描写人类生活的天才，可是他又像刺猬一样，希望找出一种包罗万象的理论，柏林偶然发现用"刺猬"与"狐狸"正好可以用来形容托尔斯泰作品所呈现的两歧性。柏林的长文原先以《托尔斯泰的历史怀疑议》发表在牛津的斯拉夫评论，不大引人注意。不久则在书商建议下以《刺猬与狐狸》为标题印成小书，立刻传诵千里。这一番议论，在我看来，正是王汎森多年实践悟出的心得体会。

学问很多时候就是聊出来的

时代周报：从台湾大学历史系硕士毕业后，第一份工作怎么就进入中研院史语所？

王汎森：那时中研院正好有三个五年计划，多了很多名额。我那时正在当兵，除了已经出版《章太炎的思想》一书外，另外加写了一篇长文章（后来变成我的第二本书《古史辨运动的兴起》）。许久之后我才知道，当年入所的审查者之一是余英时先生。

时代周报：余英时先生在1970年代用中文写作，是一个重要的转机。

王汎森：我曾对余先生说："如果您不是1970年代开始写大量中文，在美国是一个成功的教授。但是写了大量中文，您成为这个历史文化传统中的重要一分子，不仅是一个成功的学者而已。"余先生没有反对。他的文字开始介入社会时，大家都觉得很新：原来古代历史、思想可以这样谈。

时代周报：普林斯顿大学是余英时先生教学的最后一站，从密歇根大学，到哈佛大学，到耶鲁大学，最后是世外桃源般的普林斯顿大学，历史很奇妙。

王汎森：我跟余先生是同时到达普林斯顿，他刚好从耶鲁转过来。我还在做助理研究员的时候，已经听到各种谣传说余先生要到普林斯顿。他到普林斯顿演讲，好像写了一首诗，有人从中读出他有移居普林斯顿的意思。后来真的落实了。

时代周报：余英时先生怎么教学的？

王汎森：他比较注重引导你，让你自己去发现。他很鼓励学生尝试各种可能性。他看西方的书很多，很及时，旧学也很厉害，所以对题目的潜势看得很恰当，知道可能性在哪里，限制在哪里，知道怎么引到有意义的方向。这不是一般老师能做到的。一般老师可能理论讲得很好，但不一定对那个领域、材料掌握得那么深。有一次讨论到一位有名的学人，他说这个教授只能教大学，但不大能教研究所，因为那个教授对材料的广度及纵深掌握不够。余英时先生是两者皆长，对研究生影响更大。一般大学见到老师比较难，但普林斯顿学生不多，学生要见教授，通常只要敲个门就可以了。学问很多时候就是聊出来的。

时代周报：余先生从来不只是书斋里面的人，对外面的世界很关心。

王汎森：一个人文学科的工作者，他的题目就可能跟外在世界有很大的联系。余英时先生恰好体现了这一点，但是他也强调他对政治只有遥远的兴趣。

时代周报：在普林斯顿跟牟复礼先生熟吗？

王汎森：熟。他当时好像刚刚退休，半年在科罗拉多，半年在普林斯顿，像候鸟一样来去。我跟他谈话不少，当时我正在写傅斯年，他在我信箱放了纸条，说洪承畴的某个后代是史学家，要见傅斯年，傅斯年说是汉奸、叛徒的后代，一概不见。

时代周报：胡适跟普林斯顿也有一段渊源。

王汎森：我读书的时候，有一年葛思德东方图书馆做了一个胡适的展览。胡适在美国做大使的时候，美国大学争相延揽，1949年之前都是这样，1949年之后没有了，原来那些信誓旦旦的学校都不提了。胡先生在美国的时候有些辛苦，后来他到普大的葛思德东方图书馆做馆长。我觉得胡适当这个馆长太屈辱了，这个图书馆只是系图书馆，虽然很有特色，可哪里是胡适这一级人物做的呢？他会把看完的书送给图书馆，随手打开书有时会看到他的眉批。

那时胡适先生在纽约很有意思。有一个粉丝住在同一栋楼，常向他表达仰慕之意，胡适跟他很谈得来，每次出去演讲或有论文抽印本，就随手把这些资料投进这位邻居的信箱里，供他保存。后来胡适过世后，《胡适著作目录》西方的部分，很得益于这个人的收藏，这是一个商人。

时代周报：你是不是在普林斯顿开了一个新的学术阶段？

王汎森：当然。最重要是读其他国家的历史，还有其他学科。我在普林斯顿遇到德文、法文、拉丁文等语言问题，在总图书馆拦下人问，通常拦到第二或第三个人就一定能解决。在史语所里遇到学术问题，遇到三个人肯定能解决。学习是无形的，必须有一个很大的知识底子，才能更深入揭显正在研究的问题的意义与深度，譬如研究中国共产党的"单位"，如果读过一些劳工关系方面的书，所见一定比寻常的要深。普林斯顿是个老学校，有极其稳重的一面，也有极其新潮的一面，稳重的多一些。我认为我的留美生涯有不太成功之处：我没有真正融进美国的生活，比不上胡适那一代，对美国日常生活的层次介入很多。普林斯顿的学生很少，有人开玩笑说它是采用"劳斯莱斯主义"，通常研究生一来就有奖学金，直到毕业，同学之间来往很不错，不需要把别人弄倒才能生存。还有就是功课压力太大。我记得我念过一门课，要求看的书我总是看不完。有个统计说，要把老师指定的书看完，需要三倍时间，而且不吃不喝不睡。其实这些书单主要是让你知道这门学问的大致情况，不是要全部读完。

十五世纪以后的中国是多姿多彩的时代

时代周报：你最早的著作是《章太炎的思想》，那时为什么对章太炎感兴趣？

王汎森：有一段时间我发现中国近现代的很多思想发

展都跟章太炎有关，他像个"总机"。小时候以为他只是跟着孙中山闹革命的，"中华民国"这个词就来自他的文章，后来发现他是思想文化转变的一个重要人物，所以研究他。章太炎的文章很难读，当时找了一个导师，他说："你自己看吧，章太炎的文章，我自己也看不懂。"大家只以为章太炎是个怪人，跟革命有关，文章难读，对他的思想没有了解，所以我就想深入探讨。此外，我在台大念书的时候对梵文有兴趣，而章太炎的著作中也提到一些印度思想，这符合我当时的好奇。

时代周报：当时台湾的气氛对旧的思想很反感？

王汎森：那时台湾爱读禁书。禁书有几种定义，第一种是1930年代的书，有很长一段时间，你说读1930年代的书，别人就认为你或是左派或是新青年。第二种是重印大陆出的学术书，要改头换面，如顾颉刚要变成"顾刚"，台大门口就有专门卖顾颉刚的《古史辨》。我之所以写《古史辨运动的兴起》一书有点机缘巧合，我发现有一种学术与政治的内在张力贯穿了道光以后的历史，使得人们对古代的认知有了变化。那时台湾政治、文化正值一个大变动，我当时常在想，究竟一个大的政治变革是否需要一个理论基础？因为这样的焦虑引导我读了康有为的《孔子改制考》，从事变法还要作一部《孔子改制考》，提出一个纲领，那本书虽然使用陈旧的语言写的，其实很激烈，对古代信史有极大的破坏，近代的疑古运动系与上述政治、历史、经学牵缠在一起。

时代周报：那是开放党禁报禁之前各种思想风云际会的碰撞？

王汎森：对。这是时代的困惑，也是个人的困惑，不知不觉也会影响学问。

时代周报：你从美国留学回来已经开放了？

王汎森：台湾最大变化是发生在我在美国的那几年。蒋经国去世了，党禁报禁没了。《中国时报》和《联合报》是当时最大的报纸。《中国时报》的董事长余纪忠先生认为我应该保持对台湾的关注，每天空邮报纸到普林斯顿给我。有几个留学生总问我借报纸看，其实我自己都不看了，功课太忙。

时代周报：我听说余纪忠先生有段时间想把你拉到《中国时报》任职？

王汎森：那是我念书时代的事吧。当年两大报印报纸像印钞票似的，两大报社的董事长都是中常委，都是台湾最有力量的人。余纪忠先生是一位很有文化品味的报人，用钱很大方。我记得普林斯顿的一位老师当时正在办一个欧洲最老牌的汉学刊物，可是普林斯顿不愿支持。美国的大学很奇怪，把这位老师从剑桥挖进来的时候很慷慨，可是像这件事情看起来很有意义，它就是不出钱。后来透过余英时先生帮忙，是余纪忠先生掏腰包资助这个刊物。大概是2000年有一天，老同事王文陆看见余纪忠先生和他的随扈在史语所附近徘徊，说是刚与李远哲院长见过面，想要顺便看看我，文陆兄大为吃惊。因为那一天我正好不在，余老先生就回去了。他好像对我有一种错爱，一直希望我做什么。这些年来，我对他始终感到抱歉，从没为他做过任何事。台湾有一个时期，学术和文化的区分没那么大，都谈得津津有味，以为学术的人可以担当任何重要的责任。今天就不是了。我在1980年代当兵的时候，碰到很多老军人，他们都说真正伟大的军事领导者必须是个学者。西方就没有这种思想。

时代周报：你从普林斯顿回来之后，台湾变成了一个专业社会？

王汎森：对。因为有博士学位的人很多了，再小的一门学问都能找出博士来，不能乱扯了。我们出国之前，两大报纸上很多是学者对政治、文化的专论，现在回想，那些人虽然不一定都是当行的专家，但是大家很愿意看。开放以后，专家倾向越重，副刊也彻底文艺化了，不再是无所不包。以前副刊登的许多文章，讲究大论点、大叙事，现在人们都不要这些东西。

时代周报：学术研究也是专家化了？

王汎森：它变得更像美国了，各种审核、认可的制度都跟着美国。但是美国大，不会把整个国家卷进去。有一部分人非依赖"国家科学基金会"的钱不可，但不是全部，"此处不留爷，自有留爷处"。但我从没菲薄专家社会的意思,在台湾,碰到任何问题几乎都可以找到很好的专家来提供意见或解决问题。

时代周报:你自己近十几年的研究都集中在明清到民国时期。为什么?

王汎森:我认为,十五世纪以后中国社会、经济、文化变化很大,这五百年西方的变化也很大,所以这五百年是很重要的。我不把这几百年切开来看,因为这段历史跨度长、变化大,能观察的东西多。那也是我隐隐觉得中西开始分叉的很重要的一个时代。当然没有两个文明是一样的,但在此之前,我觉得中西分流没这么大。我一直受一个说法的影响:一个历史学者深受他研究对象的左右,选中一个多姿多彩的时代和一个平凡的时代,能发挥的余地不大一样。

时代周报:余英时先生说过变化中的时代才好玩。

王汎森:确实如此。可惜我的才力有限,只能集中在这一段时间,这已经让我气喘如牛了。

时代周报:你研究的重点跟张灏先生的研究颇有关系。

王汎森:以前读古书常看到某人从一开始就"遥接三代",后来我才发现,即使像张大千也不可能一开始就遥接古人,而是先受当代的名家影响,然后上溯到古代去。所以我们这个年纪做思想史研究的人,多多少少跟余英时、张灏、林毓生等很多位先生的研究有关系。

时代周报：这个转型时代实际上对现代生活天翻地覆的变化有很重要的影响，就是李鸿章所说的"三千年未有之大变局"。近代中国的变化实在太出人意料，不仅大陆，台湾也是，变化太快了。

王汎森：恐怕最令人担忧的是主体性。我在一些场合偶然说过，我们受某种历史哲学影响很大，认为时代跟它的各种文化表征有机地生长在一起，没有发展出科学的文明，其潜能中便没有科学的种子。所以花各种力气去为传统文化曲证、开脱。但是人类文明发展到今天这一步，是否还需追问这些问题？以台湾为例，物质和科技已经发展到这个高度，随时可以回去跟传统文化做有机的对话，并不存在明显矛盾。以前讨论科学民主和中国文化的关系，把它当成两个互相矛盾的整体，但人类社会发展到了这个地步，似乎没有必要再拿这种模式来看问题了。因此，要塑造一个文明，不能再局限于1900年到1960年关心的东西。今天不一样，你尽可以大谈庄子的生命之道，但不碍于科学和民主的生活。今天不再是"豌豆苗长出豌豆"。

不把古人打扮成现代人，不把中国历史打扮成西方历史

时代周报：不管在大陆、香港还是台湾，总是在特定的政治语境下产生一些现象。在开放党禁报禁之后，台湾的学术自由有什么样的困惑？

王汎森：蔡元培、胡适、傅斯年的思想在1960年代到

1980年代都是推动台湾的重要力量，在1990年代以后谈的人渐渐少了。"总统"都可以随便骂了，所以人们觉得自由民主没有那个急迫性了。我礼拜六去参加殷海光基金会的演讲会，林毓生先生讲人权的问题，在场几个听众都是香港和大陆的。台湾人不在乎这个了，是可喜，还是可悲呢？可喜的是，那个肃杀的年代已经过去了。可悲的是，我们对人权、民主的深刻内涵理解还不够，而人们已经不感兴趣了。

时代周报：张灏先生有一次到台大演讲殷海光的思想，来的人寥寥可数。我估计台湾新一代对"殷海光"三个字也是认识有限了，反而大陆对殷海光的兴趣更大。

王汎森：因为对大陆来讲，自由民主科学还是迫切的问题，还是有热情。

时代周报：有一位研究台湾的老先生说过很妙的话：台湾对大陆有镜子的作用。

王汎森：恐怕是这样。我记得1970年代后期吧，李敖调侃说，现在国民党党工都穿西装了，说明他们得要跟社会融在一起，不可能高高在上控制了。有一次，台北市长接受议员质询，议员问他国民党建党时间，结果这位国民党籍市长答差了几十年。

时代周报：许倬云先生说，在中研院，文史在二十世纪是很重要的学科，但在二十一世纪，生物科技压过了一切。

王汎森：中研院在台北南港五十多年，前后有过三个大门，分别象征文科的时代、数理的时代、生物的时代。最早的一个大门，两旁是人文学科的几个大所，现在的大门一路过去，两旁就多是生物方面的研究所。我所遇到的中研院院长，对文科都是很支持的。当然他们风格不一，吴大猷先生带有朴实的科学主义心态，李远哲先生基本上总是帮着我们，他不干涉、打压，只会给更多的钱。翁启惠院长也是一样。生物科学形成压倒性的优势，跟时代有关。人类基因谱系解码以后，那个世界太宽了。人文没有碰到一个重大的表述和内容的革命，即使美国、法国也是如此，1960年代受现象学、结构、解构的影响，出了多少大学者，但近几年，似乎也比较消沉下去了。这是整个世界人文学科应该注意的问题。1985年，剑桥著名的政治思想家昆廷·斯金纳（Quentin Skinner）出了一本书《大理论的复归》(The Return of Grand Theory in the Human Sciences)，举了福柯等几个例子，觉得这些人代表大理论的复返，不再是小枝节。但现在又变了，大理论有退潮之势，下一波不知道是怎样。但台湾有个现象，没有一个人文社科的学者担任学术领导者，这是很不好的。"国家科学委员会"的主委和副委都是自然科学的学者，大学校长也几乎没有人文学者，科学家取代了人文学者，成为社会的主导者，大抵而言，他们不会打压人文，但问题是他们有隔膜，所做的决定往往差之毫厘，失之千里。在大学里，人文学者往往要花大量的时间、精力为人文学科的特殊性说明、辩解，这是很可虑的现象。

时代周报：未来史学研究会不会出现新的方向？

王汎森：我不敢预测，不过可以确定会有一些新做法。譬如把过去一二十年各种新研究方向，综合成一个新的理论的养分；譬如在思想史方面，把现实生活世界跟思想、制度做更巧妙的结合；譬如不把古人打扮成现代人，不把中国历史打扮成西方历史，而是多层次地细致地了解古代的思维，或是更多地把历史看成四面八方的因素作用而成，同时任何一个历史事件也回向四面八方起作用。不过，史学有一些基本的任务与特质，如何守住这些东西是非常重要的。

时代周报：大陆五十岁上下的这一代学人，有很大的发挥空间。他们的上一代最好的年华浪费在运动里，因此新一代可以填补和开拓，特别是以前有很多领域是没有开放的，现在开放了，就有无限的空间。

王汎森：章太炎说过一句有意思的话，学术里面也有政务官与事务官之分。政务官是部长，次长和其他人是事务官。事务官主要是在做专门领域的事情。我越想越觉得这话有道理。将来史学研究，碰到的问题是事务官太多，政务官太少。现在电子数据库及网络这么流行，要掌握材料撰写一个主题，每个人都做得到。但接下来是思考，是拔高层次，是开拓新范围、新方向、新园地等方面的工作。我担心人们都在做事务官的工作，而忘了政务官的工作。政务官有两个工作，一个是关于意义的思考，一个是做整体的、前瞻性的工作。将来学术界有什么新方向，应该是政务官和事务官相辅相成。学问要有心思才有意义。其实我觉得现在全世界学界都是事务官很多，缺政务官。不久前我与一位在美国研究法国史的朋友谈话，她认识一群学者都出身法国史大家 Natalie Davis 的门下，在专门领域中也都很有成就，但也发现同辈中没有像老师那样的人。我的理解也是事务官与政务官之差。

最后，王汎森谈到他相当关心的一个问题，他认为近代中国人文及社会科学必须逐步建立自己的学术主体性。譬如说我们随便打开一本社会科学的教科书，没有看到一个中国古人的名字，但是在西方，你看哈贝马斯的著作，一定是从亚里士多德谈下来，充分撷取相关的资源。这个情形将来应该有所改变，不能只拿人家的眼光看自己。我极不赞成夜郎自大，很多话我不愿多说，是怕给懒惰的人"如虎添翼"。但我坚持认为不但要充分学习西方，还必须以自己为主体。

思想史内外

访谈 张劭农 等

问：不知王教授对于思想史的定位如何，按照黄俊杰的观点，思想史与概念史这些相比，更重于与社会史、政治史等客观结构中的因素的连接。不知王教授是否同意这种观点？思想史如果要与客观结构中的因素连接，应该做什么样的努力？刘大鹏的《退想斋日记》是王教授介绍给学界的，引起了不少关注，发现此类史料是否应该是连接思想史与社会史、政治史的一项努力的目标？

答：我多年来一直提倡思想史要跟生活史能有适当连接，至少要对思想跟当时人的现实生活层次之间的关系做比较深入的了解。当然如果硬要思想史跟客观结构连接，也会有后遗症，最后会掉进客观结构决定思想的情形。这个连接是必要的，但是要避免极端的做法。我个人想强调，人的生活是所有各个面一体的，我们把它切开成思想史、社会史、政治史来看，是为了取得一个切入的中心，从思想史的角度来看是指以这个面作为主体去观察，最后各个面都还是相关联的。

问：中国历史上的知识分子与普通民众之间关系流变，也就是历史上学术圈内思潮对国民性格的塑造有无影响？其间变化如何？中国历代政府对知识分子的态度（压制、鼓励）流变，知识分子对于政府的影响力变化如何？知识分子与普通民众的态度变迁？另外，众所周知，现在学术界对国民的影响力很低，怎样才能将学术界的有益成果推向民众？怎样才能将学术界与一般民众关系进一步密切，从而发挥对国家民族的进步最大的推动力，而不是仅仅在"学术圈"内转圈。

答：这个题目很大，不容易用几句话回答。学术要能以它的原貌原原本本地影响一般百姓，我想历史上是很少的。但我们也不能低估，很多表面上看来没有痕迹，但事实上直接或间接受了某一种思潮的影响。比如我亲眼所见大概在1980年代台湾环保跟生态运动刚开始的时候，报纸刊了连篇累牍的文章，而一般民众会去真正通读的很少；可是慢慢慢慢就会形成很模糊的一些名词、一些概念，在无意间往各面扩充，到最后我注意到很多乡下的民意代表都捡几个环保跟生态的名词作为他们竞选的词汇，似懂非懂地向人民宣传，再加上政府的政策跟着上来，于是形成一种沛然莫之能御的形势，今天环保、生态观念在台湾已普遍生根了。这是我亲眼见过的例子。前后不过就是十几年之间，它们成为乡下的百姓生活中常常挂在嘴巴上的话,当制度再加进来的时候,它就成为建制性的东西。当然,一般民众对思想的吸收及再诠释也会产生另一个层次的东西。晚清以来很多观念一般人可能似懂非懂的,可是它慢慢形成思想的氛围,渐渐改变许多人的想法,而我们对这方面实际的探讨、了解比较少。我举一个例子,在日本明治时代有一个自由民权运动,介绍当时西方的宪法给日本的百姓,它的实际影响很具草根性。1968年东京经济大学教授色川大吉在五日市发现一大批当时村庄里面的小知识分子写下了他们自己的宪法"五日市宪法"。像这类的材料、活动,以前一般比较不注意,如果注意的话一定可以看到很多微妙的东西。

问:我做的研究是明清艺术史方面的,曾读过王先生《晚明清初思想十论》一书,尤其对其中关于丰坊与《大学》石经之研究深有印象。因研究之故,我对台湾文史学者相关研究时常留心,如对毛文芳、何冠彪、巫仁恕、李孝悌、龚鹏程、徐泓、石守谦、王正华、邱澎生等学者的论著多有关注和阅读。我有两个问题,在此请教王先生。第一,龚鹏程先生在其《晚明思潮》一书中对大陆学者晚明研究颇多挞伐(其实我也对龚氏观点有所认同),认为大多局限于公安竟陵、阳明心学、李贽思想几个方面,旧说陈辞,罕有新意。王先生近来的研究中对晚明思潮有何新见,可否分享一二?

答:我觉得学术界喜欢研究思想跟我们现代人比较接

近的古代思想家，大家喜闻乐见，喜欢这些东西。套用日本德川时期思想家荻生徂徕的话，只顾听来悦耳，不管实际上是怎么回事。研究的时候只顾是否跟我喜闻乐见的一样，反而对于它们原有的历史脉络并不特别感兴趣，这是到处共同的现象。事实上我们必须注意晚明以来有很多思潮在竞争的，而且有起有落，我们应该把发展看成竞争的过程，在过程中有主旋律与次旋律一直在变换，这种起伏、竞争、扩充、萎缩等现象都值得深入了解。

问： 晚清错过近代化的机遇究竟是思想的因素多一些还是其他因素，比如地理因素（离近代世界的中心——西欧过于遥远）、生产方式（精耕细作）、政治制度。

答： 晚清错过现代化的机遇原因应该是多重的。我个人觉得历史发展常常像魔术方块一样，必须要许多因素都凑集、有很多因素互动才能解释历史的变化。不过思想在这里面当然是很重要的因素，最近一二十年来大家谈论中西分流的时候，有很多好的观点，不过忽略了一点：思想差异。如果两个国家或文明的思想、意识形态所希望的完全不同，会影响它们发展到不同的路上去，思想、意识形态是个转辙器，火车往前跑，转辙器会产生很大的作用，转辙器使它的努力转向某个方向，而不是朝另一个方向发展。比如说一个人从来没有想要成为亿万富翁，除非幸运，不然他很少能成为亿万富翁；一个不把成为商业帝国看得很重的国家，跟时时刻刻想成为商业帝国的国家，两者走的方向不同，最后会有一定的差别。

问：由明至清，学术思想主流由理学转为经史考证之学，近代学人对其因素有许多讨论，余英时先生"内在理路"说后出转精，请问您以学生和研究者的身份，对此一说法是否完全赞同，抑在个人多年的研究后，对此说有所增益补充？

答：余英时先生提出"内在理路"时有特殊的背景，就是针对当时的物质决定论、社会经济决定论，还有就是把思想讲得过度受政治支配的史学潮流，所提出的新看法。我猜余先生也不认为"内在理路"在所有地方都说得通，如果我没有弄错，余先生认为有些时刻思想有它自己内在的逻辑，譬如数学发展到一个程度时，它就有不受现实影响的发展，这时候"内在理路"说就比较合适，但是他也不否认在其他很多时候历史发展用内外互动、多重因素的互动，才能解释得通。我猜测，余先生的《朱熹的历史世界》一书，其实说明了在解释某些历史现象的时候，要用"内在理路"之外的办法。余先生认为"史无定法"，他并不认为一种方法就可以解释所有的事情。

问：由日本学人内藤湖南起始，史学界有唐宋变革之说，认为中国近代应由宋代开始，由此延伸，亦有学者提出明清发展迟滞之说。不知道您对此一说法有何评论？程朱、陆王二派理学思潮与社会的互动与影响，是否与中古、近代划分之说有其关联性？假如存在的话。

答：内藤湖南的"唐宋变革"是很重要的假说，有很大的影响，确实他所观察到的唐跟宋的现象有很大的不同，现在也有很多人认为明清许多现象在宋代都见到了。我对这件事情的看法是，有许多历史现象在先前的时代可以找得到仿佛之物，明清很多现象在宋代可以找得到，不过它们的内容、性质、分量、强度、在实际上产生之影响等，恐怕还要更深入地分梳。韦伯《新教伦理与资本主义精神》里面讲到，某地方一百镑的资本跟在另一个地方一百镑意义是不一样的，在已经有资本主义精神的地方，一百镑可以投资产生更多资本，对很多地方一百镑可能是买土地就算了。

问：国内有学者认为，黄宗羲的批判君权的思想可能来自西方传教士传播的西方思想，先生以为如何？

答：对于晚明清初思想很多新发展一直有两种解释，一种是认为由内部发展出来的，慢慢也有人认为受了西方传教士的影响。在黄宗羲整体的著作里面，他当然对西方传教士传进来的东西有了解，但是我还没办法确定地感受到像《明夷待访录》和其他著作里面提到的比较有突破性的想法，会必然跟当时传教士有直接的关系。如果有，那个分量恐怕不能过度夸张，我觉得最大的成分还是来自当时思想界和整个社会、政治的变化的反省。而且我们对黄宗羲这些有突破性言论的实际内容，也不能用我们现代的思想回过头去做过度扩张的诠释（譬如黄氏的重商思想）。

问：当今出土文献日盛，使先秦秦汉文史的研究呈现繁荣景象，学术风气亦为之转移，有所谓疑古—释古转变之说，同时新出材料也对古史辨派的某些论据产生了冲击，致使大家对古史辨派产生了敬而远之的心理。目前的研究状况虽说喜人，但也不免产生诸多弊端，如信古过度、臆说纷呈等。所以请王先生围绕疑古、信古、释古来谈谈古史辨的功绩及其继承发扬，以及当今随着出土文献日益增多，如何更好地促进学术繁荣。

答：我在二十多年前写过一本《古史辨运动的兴起》的书，那是一本晚清民初思想史的著作，二十多年来，我对相关问题的注意不大够。我对出土文献的粗浅了解是，确实有很多新出土文物大幅改变了以前疑古运动提出的论点，这部分我同意。不过就像本问题所讲的，是不是要摆回去另外一端，就是回到完全信古，恐怕是有危险的。我觉得最恰当的应该是释古，就是一方面正视现在的出土文物，一方面要做适当的解释，而不是从一端一下子就转到另外一端。

问：章学诚之学在20世纪初的学界兴起不小的热潮，不同学术背景的人对其学说多有论述。而其论述必然包含了学者自身的价值关怀和学术理念。王先生也曾在文章中提到过相似的问题，并且提到了四川学者刘鉴泉（咸炘）。刘对章学诚的阐释显然不同于胡适等人，在刘的遗著中，尚有一篇文章叫作《章学诚的哲学》，并且另有文章努力为浙东学术梳理了一个系统。刘鉴泉对于章学诚的如此诠释，似乎可以将其理解为中国学术思想在近现代化的过程中，设法为本国学术自身谱系的建立寻找一个内在根源（所谓校雠之学）。请教王先生是如何看待这个问题的？

答：刘咸炘的著作非常多，《推十书》三大册里面关于章学诚的文字确实非常多。我觉得不是只有他一个人，当时是有很多人对西方传进来的东西一方面吸收，另一方面也在重新建构古代思想的系谱。我想刘咸炘确实在做这样的工作，他这里面有很多复杂的东西，我正在写一两篇文章讨论他，一时说不太清楚。

问：文化史成为西方史学界的显学已经十几二十年了，现在颇有退潮的趋势，各种后现代、后殖民理论的影响力也在减弱中。不知道您觉得继19世纪到20世纪初的政治史、1950年代开始的社会经济史研究，以及80年代迅速流行的文化史写作之后，西方史学下一个发展方向是什么？学者需不需要跟随这种潮流的风气？

答：推测未来很困难。我觉得下一个阶段的可能发展是这样的：经过年鉴学派、后现代、后殖民、文化史等几波潮流冲刷之下，史学界（尤其是美国，包括台湾）都出现几个问题。第一个问题就是传统的政治史、经济史、制度史，甚至社会史，往往找不到人教这些课了。第二个呢，以我在台湾看到的，很多断代史找不到人教。我还记得有位史学界的前辈曾经跟我提过，他在美国的大学任教，他的系十年来找的都是文化史方面的人，他说这话时是比较兴奋的；但是最近他告诉我其结果是很多重要课程没人教了。人类历史的构成有几个重大的支柱，政治、制度、思想、经济等都是重大的支柱，如果长期忽略、没有人研究或没有人教，是一个重大的缺憾。我个人相信经过前述思潮一番冲刷之后，人们看政治史、看制度史、看经济史、看社会史、看其他的历史都会有新的眼光，所以将来有可能新政治史、新制度史、新经济史、新社会史会得到发展，人们会重新看这些领域。譬如说要充分了解文化的建构性力量、文化在建构事实方面的力量，这是文化史里有蛮大影响的看法，用这样的观点或其他许许多多新发展的视角重新回过头去看政治史、经济史、制度史这些显然在以前是史家的传统技艺但现在被严重忽略的领域，我想会有新的发展。

这些流行的史学对我都有若干的熏陶，我个人不算是对它们最熟悉，不过这些流行的史学确实使我们也看到一些原来看不到的历史面相，而它处理的方法、处理的角度、处理的视野也确实有很多值得借镜的地方。比如福柯对权力的分析可以使我们对传统政治史有不同的看法；比如诺贝尔经济学奖得主 Douglass C. North 对新制度论提出的一些解释，虽然是从经济学角度的解释，事实上也能帮助我们了解历史上制度的某些面相（当然，North 不属于后现代或新文化史）。不过我还是相信在研究历史时，我们要针对那个问题广泛地调动我们能用的资源来处理它，因此不能拘泥一些家派或方法，而是用得上的方法就是好的方法。

问：很高兴能有这么一个机会向您请益。我对民国时期的南方学界很感兴趣，学界对于北方学界学人研究可谓多矣（您就有相关大著多部），而对南方学界学人相关研究并不多，所以这里，我想冒昧请教，您是如何看待当时民国时期的南方学界的，如南高东大学人，他们的学术研究是否能够代表中国史学现代化进程中的另一面相？

答：民国学术南北之争的问题，如果是二十年前来问我，我会比较强调北方学人的贡献跟影响。在现实上当然以北方学者为大，但是如果我们定神一想南方学者对历史文化的阐释，也有一定的价值，不可以因为"新"、"旧"就下判断。我认为看思想的历史必须要同时看到主论述与次论述之间复杂的竞合、很多思潮在中间活动变化的情形，所以看北方的也要看到南方，看南方的也要看到北方。

问：您是研究历史的，思想史也是您关注的领域。我很想知道您对于历史的态度或者说是您研究历史的目的（如果可以这么说的话）。在您看来，中国在当前，思想上是否出现了断裂？如果您认为有，那么您认为当如何弥合这个断裂，或者说如何重建中国的文化（这样说未必恰当，或者可以这样说：对于为中国文化的走向，您有怎样的预期呢)？在您看来学术研究跟现实应该是怎样的关系，对于现实，学术应采取何种态度？

答：我个人是比较相信《庄子》里面讲的"无用之用是为大用"，我觉得学术研究诚如胡适、傅斯年这一辈人认为的，以前的学术之所以不能长足进步，就是太讲究现实，太讲究道德教化，太和政治等扯在一起。有人会觉得学术发展到今天大家都觉得跟现实疏离，我没有那么悲观，还是回到刚刚讲的"无用之用是为大用"。历史上有很多重大的发现在当时看不出跟现实有任何关系，像 X 光刚发现的时候，人们不认为它有什么用，可是现在已经用到无远弗届的地方，包括当初没有想到的地方都用到了。丁文江先生在一篇文章里讲，美国在 1930 年代石油公司应用一种以前人们认为毫无用处的学问来计算油层的上下深浅，那就是古生物学。像这些东西都说明了"无用之用是为大用"，一时之间看起来可能扯不上关系，可是有一天在另一个情境下可能有很大的用处。我觉得学术跟现实有两方面关系，一种是立即的，一种是储备式的。比如我们订一份学术刊物后有两种读法，一种是收到刊物马上大致全部看一遍，另一种是那份刊物在书架上，你知道大概有些什么东西，当碰到问题需要时就可以把那篇文章拿来读。举个例子，傅斯年先生在他的《性命古训辨证》里提到周初人文精神的跃动，后来徐复观先生在《中国人性论史·先秦篇》里面也接着有一篇《周初宗教中人文精神的跃动》，我记得不知在哪一年蒋经国"总统文告"里面就提到"人文精神跃动"之类的话，替他写文告的人可能是受到前述的影响，原先是只有少数人才看的学术论著，后来却在"总统文告"出现，这个想法在文告出现后就跟现实有一定的关联。影响多大？不知道。不过这类的影响是以意想不到的方式发生的。学术与现实有时是以直向而来的方式发生关系，有时是以横向而来的方式发生关系；不一定要学术跟现实完完全全跟扣扣子一样发生那样密切关系，才是最完美的时候，那时候反而可能因为都关注在固定几件事，而忽略更大的空间。学术探索的是真理，就让它按自己的轨道发展吧。

问：我没看见过天才成群地来，看见更多的是天才成群地被压制得平庸。在这个看似精彩，实际上荒谬得不可思议的现今社会科学的学术氛围中，王先生您自己究竟是与此氛围同一个脉搏跳动，还是一个把脉人，或者是一个特立独行的研究者？如果是后者，你是如何实现你的特立独行的？你的特立独行使你对人类的知识的创新达到了一个什么样的高度？对于一个研究历史的，究竟有多大的机会实践真正意义上的创新？如果历史已经给出了终极答案，您是否还要为了创新而创新？

答：我在《为什么天才总是成群地来？——漫谈学术环境的营造》那篇短文，主要是谈学术环境的塑造里面谈了几点。第一点是一种学术最有生命力的时候，通常是围绕着一两个重要的、有原创性的大师而有长期真实的讨论，交互感染之下，杰出学者最容易成群地出现。在那篇短文里面我举了很多例子。但另一个我要讲的是纵向的影响跟从旁边而来的影响。我认为我们在学术的培养上太过重视纵向的影响，忽略横向而来的影响。我有一次看到报纸上说，我们今天用的茶包，它被发明的来由是有个人定期寄茶到欧洲给他的客户，有一次他用布把几种新品包成几小包寄到欧洲给客户尝试。客户拿到以为可以这样泡茶，结果就变成茶包。在此之前没有人想到可以用这样的方式泡茶，这就是横向而来的，不是原来刻意要传授的那种方式而来的影响，这个往往是在谈论中得到的。另外还有第三点，我曾经跟一位朋友谈到，为什么看 Isaiah Berlin 这些英国重要学者的传记，发现他们好像整天都在 party 中，可是学问可以到达那么高的程度呢？我的朋友回答说，在英国，学问是大家一起做的，是一群人帮忙把一个人的学问顶上去，事实上这群人互相把每个人顶上去，这个也是我写那篇文章的重要用意。我主要的意思是，在我们的文化里，这样的情形好像比较少。至于它跟学科建制的关系不太好说，我当然也必须承认，现在的学术建制有一点愈来愈僵化、量化的倾向，这个我并不以为然。

问：拜读了您的文章《如果让我重做一次研究生》，您的谆谆教诲使我受益匪浅。可以看出，您是强调以问题为中心的。恰好我也正在读博士研究生，正面临一个问题，就是总觉得有很多书都还没有读，一本书一本书地读，总是在课题周围打转，虽然已经入学一年多，可总在打外围战，而还没有真正地接触我的课题材料。总觉得一个文科博士连《十三经注疏》、前四史、先秦诸子都没有看完（好像三年时间也不可能看完），更不要说像某些老先生一样读完先唐文献了，总觉得于心有愧（我想这也可能不是我一个人面临的问题）。当然这些不一定对我的课题有直接的联系，但我觉得这是一个知识储备。当然现在有电子文本可以检索。您觉得没有把原书看完，仅靠这些电子文本可以吗？您对现在的研究生基本文献阅读之匮乏如何看待，您是否能提出相应的解决方法或建议？

答：我觉得在西方做学生跟我们这边做学生不同。西方人并没有某某学生"底子"如何如何这些想法，西方人完全看你表现出来的，没有人说这个人"底子"很好，可惜没有写出什么有意义的作品之类的话。所以是不是要按顺序把先秦、两汉等等文献读完了再来做学问，我想以现在的学术建制大概不能容许这样。我会要我的学生把跟研究问题有关的基础文献读过，尽可能在时间许可范围里能扩多宽就扩多宽，而不是求先把十三经、二十五史按顺序都读完以后再来做一个问题。至于电子文献，很多自然科学家（包括我所任职的中研院有些研究所的所长）认为将来有电子文献数据库以后，图书馆就可以不要了，我的看法不太一样。电子文献方便查索，但查索是辅助性的，就是你读完基本的文献以后,对整个问题有掌握之后,电子数据库查索使你不要有重要遗漏,同时跳出原先有限史料之掌握,得到更宽阔的材料的补充。而且因为对材料有比较完整的掌握,可以进而做一些事。譬如提高层次来做更宏观的判断,可以知道某一历史现象或概念的大致范围是怎样,甚至出现的频率等也可以做历史解释,这常常是原来旧的读书的方式没办法做到的。不过,要做学术解释的时候,最重要还是要能掌握整个问题内部有机的部分,这个部分还是要对文献深入阅读为根本。所以我的看法是,先尽量读过一手、二手的核心文献,然后以电子文献来补充原来不足的地方。最近我也注意到电子文献方便后学术论文写作的改变,因为能查到的直接证据太多,写论文时舍不得那些材料,而使得文章变得过度臃肿,填塞的证据过多;第二个是对问题的有机的组成没有深入了解,虽然材料很多,但总觉得论文本身没有生命。我觉得,读书嘛,就还是要把书读完,不能只靠查,查是个辅助性的东西。

问：王老师,当初在美求学期间,自身研究以外,您对于哪些非中国史(特别是欧洲史)的课程、著作、方法最有兴趣?您觉得哪一个地区、哪一段时间的历史会对国史研究很有启发?

答：我在美国念书除了中国史以外,读的比较多的是法国史和日本史,当然也有一部分英国史的书,其他的历史涉猎较少。我的直觉是法国大革命之前的历史跟传统中国比较有引会之处。研究中古到唐，可能拜占庭帝国的历史比较有启发性；研究晚清以来，日本那一段就很重要。不过这些都只是泛泛的印象。我觉得外国历史要对我们研究起什么作用，往往是只可意会不可言传，是属于从旁边撞进来的东西，而不是直接的影响。直接线性的影响就是你要研究的题目，可是从旁边撞进来的影响，那个资源是无限的，我觉得在中国史之外再掌握一两个国家的历史，对本身研究的主题会有一定的好处。

问：台湾学者史学研究似乎多受到年鉴学派影响，这种影响似乎又扩展到大陆，王先生怎样看待此现象？

答：年鉴学派在过去几十年曾有很大影响，我也受到它的影响，而且过去许多年在课堂上指导学生读年鉴学派的论著。它是不是扩展到大陆我不太清楚。我觉得年鉴学派研究的问题、研究的领域、用来研究问题的方法等，对传统史学有很大的刺激，里面有很多好的部分，当然太过僵化的也有。年鉴学派的势力目前逐渐下降，据我所知在美国新文化史是更领风骚了。不过我还是一直相信，如果是好的东西随时都可以用得上，很多人此刻在写的东西，对他最有启发的养分可能是三十年前读的什么东西，不一定是三年前念的东西。如果没有那些资源，我们看待历史的很多面相、层次跟研究的方式，可能都不一样。

问：想请教一个实际性的、让我困惑的问题：对于您的研究生来说，在做学位论文时，您要求他们是广博资料—发现问题—着手论证，还是先大胆假设，然后小心求证？如果是前者，资料浩如烟海，三年的时间如何能保证论文高质量完成？如果是后者，会否有观点偏颇之虞？

答：我带研究生，第一会希望他们问一个重要的问题，找到有意义的、重要的问题。这个题目如果没有找到，或是找得不恰当的话，对研究生后来的发展有很大的影响。他所找到的这个题目既要有学术意义，材料也不能过度分散，因为如果过度分散，会使他未来几年的精力都花在找材料上。此外，题目的范围要够大，够做一篇学位论文，而不只是学期报告；其实很多人找到的题目是很不错的，可是它的分量只够做学期报告。所选的题目最好是没有人做过的，或是前人做得不够完整，或是有可以用不同角度来加以诠释的。还有，所选题目的难度，不要难到本人原有的素养没办法处理的程度。找到问题以后，围绕这个问题要形成一个核心的书单，这核心入手书单包括一手的材料，也包括二手的研究，这样就不会有资料浩如烟海没办法入手的情形。我想没有必要在研究生阶段花太长的时间，想要在有限的时间完成一篇学位论文，一定要有个核心的范围，从那个核心的范围出发。

问：离开了治理中国的传统模式，我们还是否可能在不太长的时间内找到一种治理这样一个大一统国家的新的办法？我看到先生在使用"社会科学"和"人文科学"的提法，你本人是研究人文的，是否认为称为"人文学科"更恰当？现代社会，物欲挤压精神，社会挤压人文，这是一种暂时现象，还是金字塔社会扁平化为民主社会后的必然趋势？

答：您提到"社会科学"跟"人文科学"，我同意用"人文学科"比较恰当。我不知道在哪里用了"人文科学"。

以最近几十年来说，人文学科有逐渐边缘化的倾向，我想不只是在华人世界，在全世界皆然，因为20世纪的科学力量对社会的直接影响远远胜过一切，判断很多东西的价值都看重现实的物质性，而人文好像没有现实的物质的价值，所以慢慢被边缘化，而且好像变得愈来愈难为自己辩护，愈来愈说不出自己的价值。以台湾来说，大学的校长里面，人文出身的近乎零。这情形和美国比的话，美国的大学校长人文和社会科学的比例很高。这只是其中一个指标，意思是包括领导高等学术的人也是如此。不过呢，我们也不能忽略，带动社会价值的这部分是人文的，是人文决定我们要从哪个方向往哪个方向去发展，像奥巴马是读历史跟政治的，像克林顿原来也是读历史和政治的。我在普林斯顿读书的时候，历史系大学部的学生很多，我就问人：美国需要这么多历史系毕业生吗？他们说，不是，那些人将来都要去读律师或是读企管，因为他们很多都来自有钱或有地位的家庭，他们读完回去可能要做指挥跟领导的工作，而指挥跟领导的工作里面一个很重要的条件就是要对人有所了解，因此很多人把小孩送到历史系来。社会的发展来自人文，人文方面的一两个判断上的误差就会产生极大的影响。这次美国金融海啸，有人问美国前联准会主席格林斯潘，他说：我发现我的哲学有一个小小的瑕疵。我不是学这行的，但我对这句话非常注意，这个瑕疵我猜可能就是过度相信放任的竞争而不必有适当的公权力管制所产生的影响。这只是我的猜测，我没有追查他讲的瑕疵是什么，但是这样的想法来自他的人文思考层次，信念上的不同就可以产生很大的影响。所以我认为人文像空气一样，空气要抽光才能了解它的重要性，平常你每天都在呼吸，不会觉得它重要。事实上即使在自然科学有很多了不起的成果，它也跟人文分不开的。我接触到很多杰出的科学家，他们也认为人文过度被压扁很不恰当，但是他们支持人文的方式也都是用那套科学方式去想象，比如他们会认为人文好好地发展可以提供社会行为的律则，比如说他们以为人文研究得好的话就可以准确告诉我们下一步怎么走等等；所以我觉得人文一方面要在社会上重新突出自己的重要性，另一方面还要谢绝对它的错误的想象，好像人文就要变成算命师傅一样。以历史来讲，如果套用年鉴学派的分段，长程的、中程的、短程的，我觉得熟悉历史的人，对长程的事情可能可以透过长时段的观察而做出比较好的判断，因为长时段有脉络可循，对中时段他也可以提出某种程度的见解，但对短时段的事情，它像速起速落的波澜一样，历史学家能提供的就属于另外一种智能。譬如下围棋的人要背很多棋谱，这些都是准备在那里，当你碰到类似的情境的时候，再以此为基础去发挥、推考。我觉得受丰富历史熏陶的人，就像记了很多棋谱，虽然不一定保证每一着都可以正确用到，但可以让你的资源更丰富。深入了解历史发展的人，就像满脑子都是棋谱的好手，可以有比较多的凭借去抉择和判断，不过运用之妙还凭乎一心，没办法提供像扣扣子一样准确的东西，人文很多学问都是这样。

席勒的一首诗说："通过美的晨门，我们进入真的领域。"受到美或其他东西的感染或震撼，也可能促发科学上或其他学科上的重要发展。我觉得人文学者不能泄气，毕竟最后主导社会的发展的，还是人文。

问：您能谈谈当今两岸学术界，特别是在社科领域里学生之间学术交流的现状吗？包括可喜之处和不足之处？

答：我觉得现在两岸学术界人文领域交流很多，社科领域交流也渐渐多起来。社科方面可能是因为原来把很多学科铲除掉了，后来才慢慢恢复，所以两边有比较大的差别，所以原先双方对话的幅度和广度比较小，现在慢慢多起来。

问：经学与史学之间的交融或可合称经史之学？经学向史学色彩的转化可从何时算起？感觉台湾学术界既受中

国近代学家影响，富有传统特色，又颇受东瀛学风影响，是否？若是，如何评价？

答：经学向史学转化是个大问题，我自己写过这方面的文章，主要发生在晚清，但并不表示经学就失去作为独立学科的价值。黄侃有一段话说得很有意思，他说，"经学者，中国特有之大本学说也……故治经者，不可以史事求之，不可以制度求之，不可以文采求之。惟经有制度，其制度可考；经有文采，其文采可法；经有史事，其史事可信耳"，但它们并不就是经学。意思就是史学、文学、制度史可以从经书的材料中去求，但它们并不能取代经学，经学还是一门特殊的学问。经学研究的传统确实大幅向史学转变，可是这并不妨碍经学本身还是一门独特的学问。

近代因为受了西方影响，用了很多西方学科的观念、范畴来看原来的中国历史文化，有些地方经过这么多年的发展回头来看，是有值得再考虑之处。欧阳竟无在1922年有一篇文章说，佛法非宗教、非哲学，而为今时必需，意思是用"宗教"或用"哲学"去了解佛法，会失去它原来本有的特质，佛法的性质不是可以用这些西方传来的学术范畴所能充分解析的。

台湾当然受到传统的、近代的、日本的影响，而这几十年来影响最大的还是西方。早期像南洋史、像蛇毒蛋白的研究、化学里对樟脑的研究，这些都受了日本的影响，但在过去几十年来影响最大的还是欧美学术。

问：台大原来是旧日本帝国的帝国大学之一，后来国民党政权移台，日本的学统是否还有部分存在？具体表现何在？与大陆带去的中国传统学问以及西方的学术系统，有何矛盾冲突，还是相互融合？

答：台大在日据时期有几个重要的特色。第一它是讲座制，全校是由几十个讲座组成的，据我所知校长也是由那些讲座选出来的，一个讲座主持一个研究室或实验室，旁边配了几个助教授或助手跟着他，这个讲座的研究室或实验室有时还发行刊物，或是搜集各种材料，这是德国式的制度。这个制度在二战后的日本，慢慢被美国式的制度所取代，原来讲座的实质跟精神慢慢就消失了。我认为讲座制的好处是有一个中心，以那个中心为基础去积累成果，接手的人以师徒的方式学习；好处是有传承，坏处是当学风一改变的时候，尤其很多新的突破都发生在各种学科的交会之处时，讲座制常常就不够灵活。而且因为讲座制那种师徒相承，有时会造成学院内部近亲繁殖的现象。美国教授制度好在新、灵活、多元，坏处就是比较不易像讲座制那样可以建立可观的传统。

我观察日本人的学风是能磨，耐得住寂寞，针对一个问题磨，可以几乎不管别人，不慕荣利，不看外在的东西。这次诺贝尔物理学奖颁给京都大学一个退休教授益川敏英（他已经到京都产业大学），他居然没办法讲英文，据说他几十年来从没到欧美开过会。日本人文学科的学者对材料、调查、积累是他们的特色。西方的长处就是灵活，有理论的素养，比较能跳脱原来的限制看问题，容易吸收其他学科的养分。我想台湾早一辈的学者受日本影响大，现在65岁以下的基本上都受欧美影响，受日本影响很少。

治学漫谈*

访谈　张春田

问：还是从您求学的过程谈起吧，从台大到普林斯顿这一段的经历。

答：我是台大历史系毕业的，然后进研究所念研究生，毕业后就进史语所了。那个时代，史语所还收一些硕士毕业的学生，这是中研院一个不错的传统。有些特殊的学科，硕士毕业的学生就可以进来工作。在我任内我也尽可能兼采这个做法。因为有些特殊的领域，像古文字学、先秦历史等，需要及早培养特殊的人才。我到史语所做了两年助理研究员。中研院现在的翁院长，以前也做过助理研究员。主管文科的副院长也是硕士毕业后，就进史语所做助理研究员。所以，这也许能让我们思考一下，现在一切以博士为起点的用人制度是否一定就最好。这之后，就到美国普林斯顿做博士生，跟余英时先生读书，念了五年

---

* 本文为笔者 2008 年 11 月在华东师范大学主办的"中国思想史高级研讨班"会后与王汎森教授的访谈录。

半。回台湾后，就一直在史语所工作到现在。

问：可以谈谈你眼里的余英时先生吗？

答：余先生是一个非常宽厚仁慈的长者。在我求学过程中，从没见过他厉声指责任何一个学生，一切都以包容的态度对待。我还记得一件事。我们到四年级时按规定就要交出论文的几章，才能继续得到奖学金。不过我的写作情况是要写就全部写出来，没有先写一部分的习惯。余先生一直不好意思直接跟我讲，他怕给我造成太大负担。他有一次开车在普林斯顿的运河附近碰到我，就把车缓缓停下来，告诉我说，他已经跟系里讲好一些处置办法……反正他对学生是很独特。

另一件印象深的事，上课那几年里，几乎从来没有看见过他在课堂上拿纸和笔写下任何东西。这是我非常惊讶的。他给研究生上课，好像也不带任何笔记或大纲，前面没有什么纸，除了一次要记下学生提到的一个书目。上课一般都在他自己的研究室，有两间。外面一间上课用，里面一间是他的办公室。他的打字桌是以前爱因斯坦的书桌。

还有就是余先生非常能聊天。他那种熬夜聊天的本领是很少见的。有时候请我们去他家里，一聊就聊到清晨。他抽烟也很厉害。他总是好像有一包烟藏在西装的某个地方，一摸就有。这让我想起以前大学里听钱穆的课，钱穆也是这样，好像一摸就从哪里摸出一支烟来。有一年，伦敦大学研究中国古代哲学史的一位教授来演讲，他是要抽最浓的香烟才能演讲。余先生抽烟也一样厉害。每次听演讲，余先生就拿个烟斗，坐在旁边的沙发上，以免熏到旁人。可是后来美国不许室内抽烟的禁令越来越严。大概也是因为这个，他后来不大愿意去办公室。

问：下面要问的，跟您现在担负的工作有关。史语所在中国现代学术史上一直扮演着很重要的角色。你们今年正好又在庆祝建所八十年。这时候重新回顾史语所走过的路，您有什么感受？

答：我来谈史语所的工作其实不太合适，因为我身在其中。但我想它的意义确实是很多方面的。先谈史语所的第一代吧。他们正值旧学传承与西方新的学问交叉碰撞的时代，在纵横两面的交融刺激下，他们有机会在很多方面奠定了前驱性的地位，那种机会现在很难再有了。譬如，傅斯年是新史学的前驱，李济是近代中国新考古之父，赵元任是近代中国汉语语言学之父，李方桂是近代中国非汉语语言学之父，吴定良是中国近代体质人类学之父等，还有陈寅恪、徐中舒先生等等许多人，成就卓绝的实在太多。从1947年选院士以来，在史语所专任工作过的，当选为院士的好像就有二三十人。在学术上，史语所充分发挥了多学科、跨学科的优长，历史、语言、古文字、考古学、人类学等，好几种学科聚在同一个地方，因为门类广，互相之间的激荡也多。我常开玩笑说，如果我碰到一个学术问题在走廊上问，问第一个人他可能不知道，问到第二个、第三个，一定会有人知道。

还有，史语所从成立伊始，就选择了几件大事来做。刚开始的工作之一就是殷墟的发掘。我最近写了一篇文章谈这个。它早期的这些工作都带有里程碑的意义。而且这些工作不是短期就结束，其实都持续了很长时间。殷墟发掘就挖了十五次，因为抗战而临时停下来。如果不是战火，会持续更长。还有当时的全国方言大调查，里面的一些报告也持续很久。到我进史语所的时候，有一位先生关于四川方言的报告才出版不久。史语所成立后，派出很多调查队伍，像云南的体质人类学调查，像川西民俗人类学的调查，像泉州关于古代伊斯兰文物和碑拓的调查，还有1930~1940年代在西南很多省份做的调查，等等，其中有的成功，有的失败。大部分投入了很大的人力、物力，这也是傅斯年主张要设研究所的原因之一，因为大学里面没法开展这些工作。老师要上课，没办法旷日持久地来做这种大的调查和发掘。

第三，从创所以来直到今天，对西方各个学科最新的发展，掌握得很深刻。我们的傅斯年图书馆主要收入跟这个所研究范围有关的专业书刊。胡适1958年回来当中研院院长的时候，他说，傅斯年图书馆很好，但是他要的那些"杂凑"的书却比较少。史语所的藏书其实本来就是比较专业的。19世纪末以来的很多重要的，跟研究领域相关的用各种语言写成的书,在台湾往往只有史语所有一本。

第四,是学术独立的精神。这个精神,是老北大、中研院这些学术单位最重要的东西。这个精神始终跟着史语所,而且跟到了台湾来。即使在白色恐怖那个阶段,史语所还是能在相当程度上保留一片学术净土。比如说,史语所是当时全台湾极少数能买大陆的书的单位。

还有,这么一个"古老"的学术单位,却也是开启台湾"人文计算"时代最重要的单位。人文数据库,比如汉籍电子文献数据库,二十几年前就开始了,现在加上十几个其他的数据库,已经构成汉学研究的一个资料平台。这大概也印证了一句话:只有不断创新,才能永续经营。

人才的来源是我现阶段比较忧心的。一方面人文学科在台湾也有些边缘化,研究工作是很寂寞的事情,真正好学者、有非常强大的耐力的人,现在越来越少。老一辈那种对人文知识和文化的向往与理想,在市场化的社会,慢慢在消退。优秀人才的来源在萎缩。

问:转到您的思想史研究吧。您的很多著作,特别是最早的两本《章太炎的思想》和《古史辨运动的兴起》,都从不同角度讨论传统与现代之间的关系。不同于那种断裂的看法,您一直努力揭示两者之间的复杂性。最开始,您怎么会关注这样的问题?

答:我写"章太炎"和"古史辨"那两本书时只有二十几岁。当时台湾还没有关于章太炎的专书。那时候台湾的日常生活中，虽然早就沉淀了儒家的成分，但是知识分子的言论和气氛带有现代化、革新，甚至有点"反传统"的气氛。在当时的情境下，很容易让人想到"传统"这个东西是不是仍然具有强大的力量，人们是不是能从传统里继续找到现代的资源、智慧和勇气。我大哥是学科技的，他读高中以后从学校带回自老师那里听来的言论，基本非常鄙夷儒家。这和我从小所受的教育、所读的书，形成了一个很大的反差。似乎在不少知识分子的思想和言论层面，认定"传统"不再能提供任何有价值的资源。而这种与传统断裂的心态，可以说也是整个中国近代思想和文化的一种趋向。所以，我的那两本书反映了我在那个年代对"近代思想中反传统思潮如何形成"这个问题的严重关切，我想探索那样一种思想气氛在近代中国是如何形成的。

章太炎本身思想的复杂性，有一种特殊的吸引力，让我觉得我们在传统与反传统之间表面上的截然区分有些太简单了。当时我脑子里常有的一句话就是"传统的非传统性"。到了晚清的时候，很多传统因子在那个情境和脉络下，已经带有"非传统"的性质。以前的人都说章太炎是一个守旧分子，可是我精读他的书时，就发现跟一般印象很不一样，是一种非常复杂和歧异的情形，故产生了特别的影响。比如，章太炎跟鲁迅之间的关系。他们已经重新表述（reformulate）了传统，使得传统因子里面已经潜在地包含重大的爆发力。

关于"古史辨"这本书,除了上面讲的以外,还有一个偶然的理由。台湾当时在政治民主化过程中,政治异议分子很多。我一位老师常常跟我感叹说,康有为要变法,都还要先作一本《孔子改制考》,要有一个方案。意思是说,台湾当时那些搞政治的人,一点深刻的理论和想法都没有。这多少也使我注意这方面的问题。当兵(义务役)后期要找工作,我当时已经写了"章太炎"那本书,居间介绍的人说,如果再有一篇东西会比较好。可是当时我人还在军营中,只好把以前读书的笔记整理出来,写成《古史辨运动的兴起》初稿。那时在军队里面不能带很多书的。我还记得我宿舍里放着一排书,有一天一个军官来巡视营房时说:"读这么多书啊。"一排书已经让他很惊讶了。到史语所后,隔了很久,才把《古史辨运动的兴起》整理出版。

确实,那些年我一直考虑的,就是传统和现代之间的复杂关系,在互相激荡中,有哪些可能性和重大的动力。在每一个时代,人们对传统的重塑,都是造成一个新的"方案"。而那个"方案"跟整个时代的关系,会生发出传统原来意涵中所没有的东西。而且这种重塑,对时代的影响是很多元的,哪一个成为主导性的决定力量,还在不停的变化中。

问:在写这两本书之后,应该就是那本英文书 *Fu Ssu-nien: A Life in Chinese History and Politics*,这就是在

您博士论文基础上写的吧？题目中有"life"这个词，而且我看到您在文章中提过，您想探讨思想家的思想与生活之间的关系。您研究很多明清思想家，也关注他们如何以自己扮演的社会角色和行为方式来履践自己的思想。您为什么会强调研究思想家时，不仅要关注观念，还要结合他的生活史，包括他的交往圈子，等等？

答：我们因为受了现代学术探讨的需要，形成了很多范畴和概念，我认为思想史、生活史、政治史、经济史等，是为了这个目的而划分的。但是如果我们要更深入地思考历史问题，我觉得这些东西用 Norbert Elias 的话说是"交互依存"的。较有启发性的研究，多是充分展示历史中各种因素交互依存的现象。我甚至认为用"交互依存"一词，都嫌过于切割了。事实上，生活的这些所有面是一个整体，而且像漩涡一样。又如我们以前都把过去、现在、未来的时间切开来看，但是其实它们就像一个漩涡一样一直在转。生活中很重要的一部分就是思想。过去讨论思想的部分，太少把它放在生活的脉络里，对思想在生活、风俗、生命历程中的意义，考虑得过少。我的很多文章，都努力在将思想和生活结合起来讨论。当然，思想也与政治、经济等密切相关。如果没有晚清那些思想脉动，近代以来的政治状况就不会是这样。

傅斯年那本因为是英文书，没法巨细无遗地写，主要还是在谈他的学术思想，包括他后半生跟政治的关系。傅斯年就生活在一个过渡和动荡的时期。那样的生活情境跟他思想的变化有很密切的联系。思想与政治、社会、教育、出版、风俗、日常生活之间,是一种佛家所谓的"互缘"。梁启超也曾用"互缘"这个词来解释历史。

我专门研究过省过会和日谱,从这类活动中,能发现思想与生活之间的密切关系。我曾想把那两篇文章和其他一些谈关于现代私人领域的政治化的文章合在一起,从中可以看出近世私人领域的转变,即如何由道德的变成政治的,"自我提升"这件严肃的工作如何由道德的修养变成政治宰制,以及人们如何自愿又充满希望地把自我纳入那些宏大的政治叙述中。

1998年左右,我在中研院申请了一个主题计划,就是关于生活史和思想史的。后来我外调,由李孝悌先生接手,重点逐渐转向城市生活(后来由李先生编成一本《中国的城市生活》)。我当时想研究的,就是生活和思想之间是怎样一种"互缘"法。

问:我发现在《明末清初思想十论》里,您讨论晚明清初的思想的时候,比较注意关注思想史内部的复杂面相。比如说,您讲到明末清初的道德严格主义,这与一般的关于晚明的世俗化士风的说法不太一样。您还比较注意讨论边缘的、下层的思想者。为什么会有选择这些取向?

答:我在晚明清初思想方面,除了那本书,其实还写过一些文章,包括还没发表的。我想要做的是"明清思想的转型"这个问题。我认为这个思想的转型,除了是思想史的问题,也是文化史和社会史的问题。比如,礼治社会的形成,就不能只从思想史内部来讨论,必须要从社会秩序、从文化史角度来考虑,才能了解为什么清初人到处提礼治社会的问题,甚至顾炎武好像要把"礼"说成是可以解决所有问题似的。关于晚明"解放"的那一面,已经有太多人写到了,所以我也就不多谈。而我想说的是,那个社会的思想状态不是只有那一面,另外一面同时也在发展。而且这种强调思想与社会纪律/秩序的一面最后压过了"解放"的一面。有的人以为从晚明一直到晚清,所谓"近代性"是不间断而延续的。其实不是这样,清朝的思想气氛有很长一段时间相对于晚明而言是比较严明整肃的。第二,清代政治对于文化有无所不在的影响。晚明那些带有"解放"意义的东西(比如李贽的书),在很长时间是或者潜伏不见,或者出现在禁书目录里,不太流传的,不再成为主流论述。但到晚清时,经由《国粹学报》等的复活,这些论述才又回来。所以,中间是有顿挫的。在历史的发展过程中,同时存在的是许许多多互相竞逐的因子,人们往往只注意到其中少数因子与后来事件发生历史意义上的关联,而其他因子的歧出性与复杂性,就常常被忽略以至于似乎完全不曾存在过了。

另外,我写那些文章还想说明,关于晚明的"解放"论述,有些是言过其实,是把文字抽离了它所在的脉络来讲的。我们阅读思想史文献，要把一扇窗子放在这间房子所有窗、门等部分的相关关系中来看，而不是只看到那一扇窗。谈一位思想家的思想，不能只摘引其中几句话，用现代人的观念投射回去，放大某种意义。我以为这是思想史研究的一个失误。我希望把片段的思想放在整个的思想语境中去考虑。而经过这样的语境化以后，本世纪形成的对晚明清初的很多看法，并不完全合乎历史实境。比如很多人把黄宗羲关于"工商皆本"的那段话引出来，说黄有"重商"的倾向。后来我看到上海有位学者写文章，提醒说应该把黄宗羲那段话跟整体脉络联系起来看。他有这一面，可是也有很多跟这个不一样的地方。还有，这些年比较强调欲望一面，所以很多研究也将之独立出来放大了。可是，举颜元为例，看在颜元的思想里，对欲望跟对古礼的极度强调都同时存在。只有掌握这种分寸感，才不会过分耽溺于"后见之明"式的思考方式，把我们后代的想法过度投射回去。以后有机会，我会继续完成这项工作，对明清转型做一个比较完整的解释。

问：《中国近代思想与学术的系谱》那本书基本是处理晚清民初的问题。我看您提到思想资源和概念工具的重要性。您昨天演讲中提出近代中国"从公理到主义"的那个脉络，也是从复杂的史料中，提炼了一些关键的概念来描述历史变迁。您怎么看概念或者说关键词（keywords）在思想史研究中的意义？

答：《中国近代思想与学术的系谱》这本书，还有未收入的一些论文，都在追问一件事，就是"中国近代社会和思想文化的形成"。让我投身历史研究的原因之一，就是对近代集权政体形成的关注。我少年时直接、间接地读到许多关于集权政体的信息，对我幼小的心灵产生了极大的震荡。记得我第一次在我家后院从收音机里听到"文化大革命"的情况，我当时的想法是何以至此。因此我一直对反传统的思想形态还有那种只有一条道路的、总揽一切的新的意识形态，在近代中国是如何兴起的这类问题感兴趣。在这个大主题下，我慢慢形成了自己关心的几个问题：在后科举时代，从士到知识分子的转变；在后经典时代，从公理到主义的转变；在关于自我的建立中，从新民到新人的转变；在学术思想中，从传统到反传统的转变；在思想概念方面，一整套新的思想概念架构如何取代旧的。

您问到"关键概念"的问题，我想强调新的思想概念的形成之重要性。我记得《郑孝胥日记》里记载了民国二年，一个忠于清朝的蒙古官员升允，他当时要起事反对民国时，出示了几篇檄文，其中有一篇就是指责晚清以来太多的"新名词"炫惑了大众，"代表"、"保种"、"排外"、"公敌"、"压力"、"野蛮"等新名词、新概念鼓动了一个时代。这些"新名词"与其所含带的思想和意义，都是以前没有的，是晚清逐渐出现，并形成一个海洋般的大变化。如果再度把历史情境去熟悉化（defamiliarized），就会发现近代人用它们组成了一个新概念的地图。这是一个"sea change"（巨大的转变）。近代人正是首先通过这些概念架构，才改变了近代中国的。所以，我觉得对这些概念的研究有重要的意义。

比如，"社会"的概念。中国古代有社会这个词，可是跟近代"社会"（society）的意思不一样。不能硬把"社会"用回去，说某某人思想里没有"社会"观念，而不去思考那时也许还没有"社会"这个概念。

在我读书过程中，受到法国年鉴学派心态史研究的影响。心态史所研究的就是这个时代共有的东西——从恺撒到他麾下的士兵共有的一些心态、概念。而像"社会"这样的概念就是一个例子。在台湾，如果一个影视明星在外面犯错，被逮到了，他通常会通过媒体向"社会"道歉。我就会想，他为什么要向"社会"道歉？"社会"成了一个像人一样的东西。不过，在19世纪这个概念还没出现之前，人们思想地图里还没有这个概念时，人们想象自己与大众的关系的方式，便会有所不同。又如，"主义"这个概念进来以后，慢慢由一种道理或原则，变成了排他性的信仰、力量或世界观，为了"主义"的不同可以把你抓去关起来甚至杀掉，这是以前人们的政治世界中所难以想象的。中国原来的主导概念是"道"，道是包容的，道不是管束所有人。"主义"概念进来后，其政治文化的特质马上变了。"社会主义"（Socialism）这个词，最初曾翻译成"公用之道"，到后来译为"社会主义"，就是一个很大的变化。我梳理这些概念及其脉络，就是想看这些概念与近代思想和政治文化所形成的关系。

问：您四年前发表过一篇文章，叫《中国近代思想文化史研究的若干思考》。您在其中提出了近年来思考的一些方向和问题。很多前面已经涉及了。不过还有两个问题前面没说到。一个是地方性的史料、地方精英在思想史研究中的重要性。您觉得地方视角的意义在哪里？

答：我们讨论思想往往有一个预设，似乎是从思想、学术的中心或"首都"在看。但是如果是以一种"在地的观点"去看，就可能会有新的视野。这其中的复杂和奥妙，很少有人探讨。在思想巨变的时代，许多小地方都有它丰富而多彩多姿的变化，在地的读书人经历着各种变化，四处寻找思想、文化、政治上的出路。假设一位生活在19世纪后期到20世纪初的扬州读书人，他看待整个晚清以来所有的变化，权力、利益跟思想之间的复杂纠葛，地方势力和时代思潮之间的关系，家庭，私塾的老师和学生等社会关系所起的变化，其内容是极端复杂多变的。故以在地的角度去看整个的大变化，那种丰富性会与从中心看全局有重大的出入。

我举两本小说为例。一本是叶圣陶的《倪焕之》。从中可以看到北伐以后在地人原来的权力关系、菁英结构，突然之间因为"党"、"主义"的力量的兴起,完全改变了。不靠科举、学问,不靠做过多少善事,靠着一张党证可以跨越原有的阶层区隔,成为新的社会精英。另一本是李涵秋的《广陵潮》,写扬州的。这本书当年在台湾重印时,上面有个说明,说作者没有怎么出过扬州,所以观点还有地方的局限性之类。可是在我看来,刚刚好就是因为作者没有怎么出过扬州,有地方的局限性,所以从另一个角度看来更能代表地方视野中的世界。我个人相当注意"实时性小说",也就是在事情的同时或稍晚所写的小说,因为读这种小说的人离那个时代不远,所以小说家即使在写一个虚构的故事,往往也会留下许多各种史书中所没记录到的、日常生中的图像与轨迹。法国的史学家米什莱(J. Michlet),有一个说法叫"历史的缄默",意思就是说史家对于自己日常生活中的事情往往习以为常,往往懒得留下任何记录。实时性小说中便可能留下了这些东西。新思潮来了,思想的说服力量、思想与现实的利益关系,还有在新旧之间买双重保险的心态等,在晚清到民国的很多小说里都有反映。我不是认为主流视野不重要,只是我们太少注意从在地的观点出发去看思想世界的巨变。

问:还有一个问题,也是那篇文章提到的,就是近代中国的"感觉世界"或者说"感觉结构"(structure of feeling)的问题。"感觉世界"跟"概念世界"既有联系,也有区别。因为感觉不是天然的,一定程度上是由一些概念所形塑的。但是，一个时代整体性的感觉世界，又不只是观念所能包括的，它同时代表了很强烈的情感和情绪面相。好像思想史研究对"感觉世界"的注意确实还不够。

答：我觉得这个方面很重要，但是确实难以把握。比如，我在1970年代听到的一篇非常感人的政治文告，今天听起来可能要打哆嗦。希特勒时代的德国人听到他演讲会感动，现在人听来觉得厌恶极了。很多美国人都说威尔逊总统用略带哽咽的声音演讲很动人，可是现代人听起来会起鸡皮疙瘩。为什么会有这种现象？是因为感觉世界在变化。我念中学时，美国有两个很有名的歌星塞门和葛芬戈，非常吸引我们。我到美国念书时，有一次他们被请到中央公园再唱一次以前的歌，我以为会很轰动。可是实际上完全没有我想象的那么吸引年轻人。我认为这是因为年轻人的感觉结构变了，不能喜欢这种调调。在美国念书时，我的一个好朋友是从大陆去念书的，他给我看过他们在"文革"时的照片。我发现每张照片中人的表情、姿势、表达情感的方式都很相近，深深打下了那个时代的烙印。

感觉结构非常难把握，而且它和其他东西是联系在一起的。它与一个时代整个的思想和情绪、气氛有关，到底怎么把握感觉结构，可能还要尝试新的路径。或许应该把心态史、思想史、政治史、文化史等结合起来，比较能看出每个时代的感觉结构的历史。

问：再请教一下"学术社会"的问题。您讨论顾颉刚、傅斯年等人时，都涉及了"学术社会"的问题。或许您不仅关注他们对于"学术社会"的构想，自己也对"学术社会"有一些期待吧。

答：我曾经引用顾颉刚的话，说他们那一代想在中国建立一个"学术社会"。在19世纪末20世纪初新学术还没有什么根基的情况下，提出在中国建立一个"学术社会"，有几方面的意义。

其一，中国当时学术落后。一些知识分子认为学术厚实了，才有发展其他东西的基础。这点我同意。比如，美国的一流大学里就储备了多少人才，碰到事情随时可以找出对问题有很深了解的人才来帮忙。只有当一个国家有很多现代学术人才，人才不可胜用时，国家才有前途。

其二，"学术社会"要和现实的污浊政治有所切割，使得腐败之气不要影响到学术。这个初衷一定要回到那个时代的气氛中才能了解——我们如想把握那个时代的空气，可以看那个时代的文学作品，从中能看到那个社会的气氛、习性。

其三，他们认为近代中国之所以扰攘不安，其中一个根源就是没有健康现代的"社会中心"，当时的社会领导人才没有现代学术素养，也缺乏现代公民的基本信念和素质。所以，那些知识分子希望有一批现代教育培养的专家能成为社会的中心。

问：那您怎么看今天中国大陆思想学术界的状况呢？

答：我对大陆思想界及学术界的状况不是很了解。从我有限的经验来看，我觉得大陆思想文化界的气氛，有点像1980年代的台湾。打个比方，一个饮酒的人饮到八分，是微醺的状态。人们对思想、文化的议题很热烈也很有兴趣。我有点担心在全球化及市场化的进程中，这个气氛会日渐消失掉。

另外，就是"文化多样性"的问题。在全球化的格局下，维持文化多样性是很重要的。这世界如果最后被一种文化同质化了，有什么意思呢？何况中国是一个有能力维持这种多样性的国家。

问：谈到文化自主的重要性，我正想问一个关于"海外中国学"的问题。近年来，文学研究界和思想史界，都有一些中国学者开始反思"海外中国学"对于中国学术的正面和负面影响。我最近读到葛兆光先生的一篇文章，他认为海外中国学的一些理论、方法和视角，能够帮我们打开思路。但海外汉学家毕竟有自己的语境和立场，"海外中国学"本质上还是"外国学"，所以我们绝不应该跟风，而要与它进行批评的对话。对于中国学术界日渐明显的这种自觉，不知您是怎么看的？

答：我觉得中国这么大的一个国家，有这么大的一个学术社群，应有足够的信心，对"海外中国学"保持一个开放、吸收的态度，但是盲目崇拜是绝对不必要的。学术看起来跟社会发展不相关,可是实际上,就像熊彼得讲的,政府的经济部长无意间都是某家经济学说的实践者。现代学术不能求立即致用,但好的学术成果将来的用处不可胜计,"无用之用,是为大用"。丁文江写过一篇文章,讲看似没有用的古生物学,到了某个时候对美国的石油探勘起了很大影响。"中国学"研究不一定对现实马上起作用,但一定是与中国的发展有关的。因为这个因素,这么大的国家,其研究应该有一定的尊严和勇气,毕竟这是对自己的了解与诠释。当然也不能失去开放的态度。我在普林斯顿念书时,惊讶地发现美国史学界最热闹的研究不是美国史,而是欧洲史,尤其是法国史。可见有信心,才能包容。你看唐代的诗文,唐代在国力强盛的时候,对异族就没那么敏感。但是,包容力绝不是盲目崇拜。

"海外中国学"中可能存在的几个问题:第一,它的研究在大量而准确地解读文献方面,有天然的困难,它可能没办法掌握大量原始文献,而是要通过一些二手研究追回去;第二,因为没办法泛览阅读,所以有时它会对研究的视界(horizons)没有很准确的把握,可能放大了某些现象和意义;第三,它可能将现成的理论过度套用在中国古代历史文化的研究上,有时有"削足适履"之痛。

你如果认为做中国学应该抱持哪些态度,我个人认为:第一,中国学是所有人文及社会学问中的一个部分,所以应该汲取很多其他学科的优长,由很多扇门通向一扇门，由各种学问把一种学问顶上去。远的不说，我们就举高本汉为例。高本汉当年之所以一下震惊了那么多了不起的中国学者，就是因为他是"由很多门通向一扇门"，19世纪以来各式各样的学问为他的汉学研究提供了养分。第二，要能入乎其内，也能出乎其外。在做完问题本身的研究之后，进而从外部观照，有时能发现深处其间的我们所看不见的东西，而能提出一些有启发性的思考。

问：有哪些课题是您未来计划去研究的？

答：今后几年想探讨三个方面的问题。第一，宋代以下的中国可以称作"新传统时代"，在这个时代中，因为思想上的关键性变化，产生了一套有别于古典时代的文化理想，对于日常生活世界的事事物物，以及社会、政治的理念，都产生了全面的变化，它们成为过去七八百年中国历史中根深蒂固的一部分，值得深入探讨。第二是想探讨思潮的社会条件。第三则是想了解传统社会中历史知识的问题。

后 记

在出版这本小册子之前,我重读此文,想做一点补充。

关于"天才为何成群地来"(Alfred L. Kroeber 语)的"为何"这个问题,我并未做比较全面的回答,因为那并不是当初下笔写这篇短文的用意。关于"为何"这个问题,几十年前 Alfred L. Kroeber 在 *Configurations of Culture Growth* 一书中已经在当时条件下做了颇多的讨论。

如果把"天才为何成群而来"这个问题转换成杰出的人才为何成群地来,那么,我个人认为以下几点相当重要:物质条件与心理质素的强大支持、"群聚效应"、"带跑者"所发挥的效应,还有同侪之间健康的"竞争"兼"合作"关系的激发等。但是我未曾专门研究过这个问题,所以以上所言只是根据个人经验的粗浅观察而已。

图书在版编目(CIP)数据

天才为何成群地来/王汎森著. -- 北京：社会科学文献出版社，2019.8（2019.12重印）
ISBN 978 - 7 - 5201 - 4454 - 4

Ⅰ.①天… Ⅱ.①王… Ⅲ.①社会科学 - 文集 Ⅳ.①C53

中国版本图书馆CIP数据核字（2019）第039842号

天才为何成群地来

著　　者	王汎森
出 版 人	谢寿光
责任编辑	邵璐璐
出　　版	社会科学文献出版社·历史学分社（010）59367256 地址：北京市北三环中路甲29号院华龙大厦　邮编：100029 网址：www.ssap.com.cn
发　　行	市场营销中心（010）59367081　59367083
印　　装	三河市东方印刷有限公司
规　　格	开 本：889mm×1194mm　1/32 印 张：8.25　字 数：156千字
版　　次	2019年8月第1版　2019年12月第2次印刷
书　　号	ISBN 978 - 7 - 5201 - 4454 - 4
定　　价	59.00元

本书如有印装质量问题，请与读者服务中心（010 - 59367028）联系

▲ 版权所有 翻印必究